# 味道的传承

## 影响中国菜的那些人

### 陈汉宗

董克平 —— 主编
黄静琳 —— 著

青岛出版集团 | 青岛出版社

**董克平** | "味道的传承"丛书主编,总策划

毕业于北京大学哲学系。北京APEC(亚太经合组织)领导人会议首脑宴会专家顾问,《舌尖上的中国》第一季、第二季美食顾问,《风味人间》第一季、第二季美食顾问,央视综合频道《中国味道》总顾问、总策划,央视科教频道《味·道》总顾问,摩根士丹利中国峰会宴会召集人,美团点评黑珍珠榜理事,携程美食林理事。著有《口头馋》《食趣儿》《吃鲜儿》《寻味儿》《知味儿》等美食文集。

**黄静琳** | 自媒体"琳琳的厨房"运营人

毕业于南开大学,资深媒体人。原《南方都市报》资深美食记者,美食杂志主编,国内知名生活方式自媒体达人,一手文字,一手设计,擅长捕捉生活中细微之美。

影响中国菜的那些人

# 陈汉宗

董克平 —— 主编

黄静琳 —— 著

青岛出版集团 | 青岛出版社

## 图书在版编目（CIP）数据

影响中国菜的那些人. 陈汉宗 / 董克平主编；黄静琳著. —— 青岛：青岛出版社，2023.7

ISBN 978-7-5736-1181-9

Ⅰ. ①影… Ⅱ. ①董… ②黄… Ⅲ. ①陈汉宗－事迹 Ⅳ. ①K828.9

中国国家版本馆CIP数据核字(2023)第097165号

YINGXIANG ZHONGGUOCAI DE NAXIE REN CHEN HANZONG（WEIDAO DE CHUANCHENG）

| | |
|---|---|
| 书　　　名 | 影响中国菜的那些人　陈汉宗（味道的传承） |
| 主　　　编 | 董克平 |
| 著　　　者 | 黄静琳 |
| 摄　　　影 | 苏志远　老马识途（鲁伟）　王老虎 |
| 出 版 发 行 | 青岛出版社 |
| 社　　　址 | 青岛市海尔路182号（266061） |
| 本 社 网 址 | http://www.qdpub.com |
| 邮 购 电 话 | 0532-68068091 |
| 策 划 编 辑 | 周鸿媛 |
| 责 任 编 辑 | 刘　倩　肖　雷 |
| 装 帧 设 计 | 丁文娟　叶德永 |
| 制　　　版 | 青岛千叶枫创意设计有限公司 |
| 印　　　刷 | 深圳市国际彩印有限公司 |
| 出 版 日 期 | 2023年7月第1版　2023年7月第1次印刷 |
| 开　　　本 | 16开（787毫米×1092毫米） |
| 印　　　张 | 12 |
| 图　　　数 | 217幅 |
| 字　　　数 | 136千 |
| 书　　　号 | ISBN 978-7-5736-1181-9 |
| 定　　　价 | 158.00元 |

编校印装质量、盗版监督服务电话：4006532017　0532-68068638

# 序言

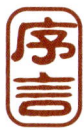

蚝乃尤物。

美味自不待言，品相也是上佳，可谓“色诱”“形诱”得明目张胆。

滑入口中，如同一个“法式深吻”。

无论是形还是味，都能让人引发无限联想。

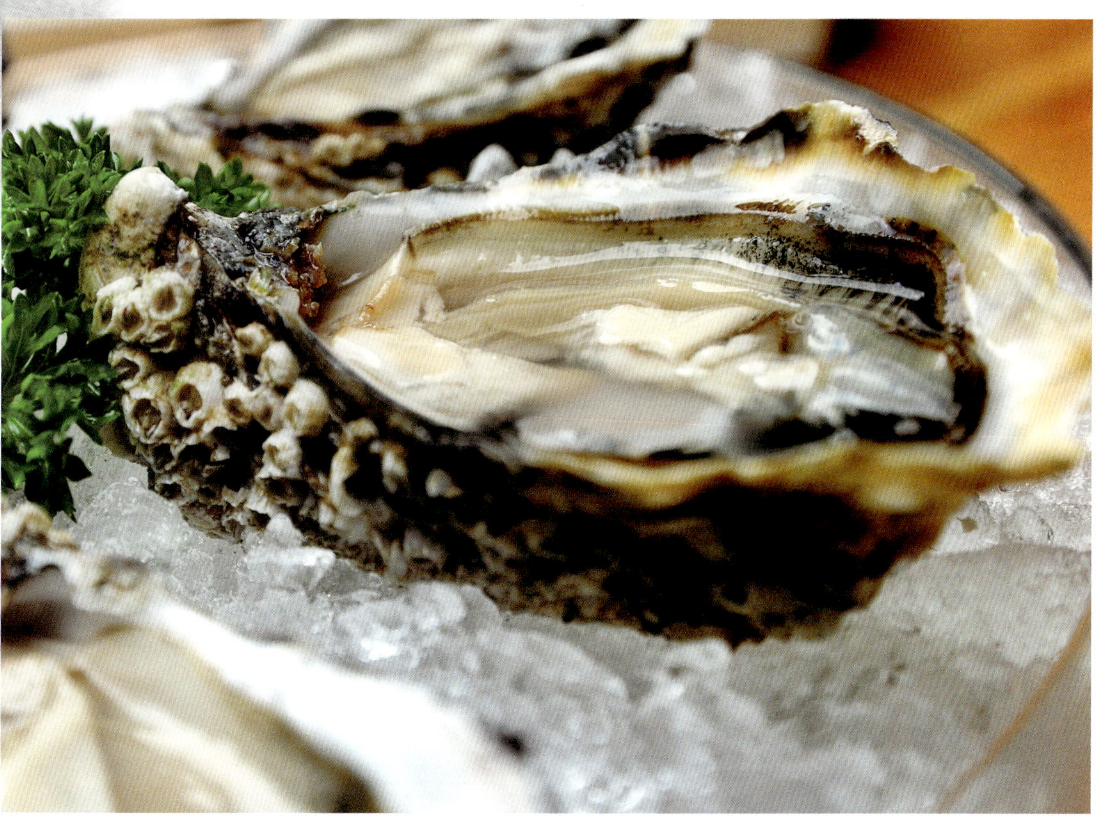

吉拉多生蚝

Coffin Bay（澳大利亚哥芬湾）生蚝

多年前，大多数人提到生蚝，会不约而同地想起《我的叔叔于勒》里的故事情节。

那时的生蚝，距离人们的生活似乎还很遥远，是无比金贵之物。

但如今，生蚝已经上了大家的餐桌，寻常百姓的家常菜里也很多见。

二十多年的时间，生蚝在中国完成了从生僻到popular（流行）的过程。

在生蚝被国人熟知的过程中,有个人功不可没。

他如同生蚝的代言人,一生只做一件事——寻觅好蚝、推广蚝文化,他就是人称"蚝爷"的陈汉宗。

## 壹。
### 蚝爷与他的蚝门九式

蚝爷白描 …… 2
从海陆丰到深圳 …… 9
试水餐饮业 …… 13
蚝门九式 大道初成 …… 15
蚝门九式 年年有新章 …… 20
海陆丰的家乡味 …… 23

## 贰。
### 精诚所至，触类旁通

金蚝腊肠 …… 33
金蚝粽子 …… 35
金蚝盆菜 …… 36

## 叁。红海湾与蚝

情系红海湾 ………… 41

生食是对品质的自信 ………… 45

历经寒风与阳光，始得金蚝 ………… 48

## 肆。中西合璧，『蚝』情万丈

蚝门盛宴 ………… 55

名仕风流，夕阳下的稻田蚝宴 ………… 61

汕尾蚝店 ………… 65

丹麦蚝文化交流 ………… 68

## 伍。
### 全世界觅蚝

生蚝美食地图 …… 72

觅蚝，从法国开始 …… 74

## 陆。
### 优雅又多变的舌尖至味

充满危机的一生 …… 80

雌雄难辨的蚝 …… 82

开蚝要有仪式感 …… 83

捡蚝诀窍 …… 88

# 柒。

## 蚝门盛宴的十五道菜

- 蚝鲍相会 …… 92
- 冰镇蚝王 …… 96
- 冬阴功生蚝 …… 102
- 蚝饭 …… 108
- 禾秆烟熏铂金蚝王 …… 114
- 芥末炒生蚝 …… 120
- 金蚝菜茶 …… 126
- 金银蒜石钵蚝 …… 132
- 秘浸金蚝皇 …… 138
- 酥脆蚝烙 …… 144
- 酸辣汁蚝 …… 150
- 五洲杯汁蚝 …… 156
- 咸菜猪手蚝 …… 162
- 烟肉蒸金蚝 …… 168
- 子姜炒生蚝 …… 174

# 壹。

## 蚝爷与他的蚝门九式

过去的陈汉宗，如今的蚝爷。

发掘优质食材的专家，中国蚝文化的传播者。

法国爱斯克菲厨皇美食会荣誉主席，被授予『蚝皇』的称号。

CCTV1《中国味道》节目最牛吃货『金筷子』奖得主。

以蚝门九式以及古法金蚝征服了中外蚝客。

先后参与拍摄了中央电视台《厨房里有哲学家》、广东卫视《老广的味道》、东方卫视《味道中国》等近30部美食类纪录片，并参与录制了湖南卫视《天天向上》等多档综艺节目。

# 蚝爷白描

## 爱蚝成痴的老客

  蚝爷的爱好很广泛。但他喜欢的、追随的,无论吃喝还是玩乐,一切的核心都围绕着一个字——蚝。

  蚝爷玩老船木,收集徽州的老木头屏风,还攒了一堆老渔船上的风灯,这些都被他放进店里作装饰,为食客打造吃蚝的氛围;他按年份收集陈皮,研制"花胶"产品,是为了将这些食材做进蚝菜,做出差异化的味道。此外,蚝爷拜在香港酒神黄雅历先生门下学品酒,最终成功推出"蚝门盛宴"。

壹。 蚝爷与他的蚝门九式

影响中国菜的那些人

陈汉宗

4

蚝爷将对美食的热爱转化为做蚝菜的灵感。

蚝爷爱蚝,爱到痴迷。蚝爷曾经一路去顺德寻访美食,六七天的行程里不论吃到什么,品鉴时他说不到两句,必然转到生蚝的话题上——"把主料换成蚝会怎样?""能不能和我的那道蚝菜结合起来?"

总之,万变不离其宗,"殊途归蚝"。

**执着匠人**
**生蚝烹饪的代言人**

　　早些年，当蚝爷还只是陈汉宗时，他放弃了国企高管的职位，下海开了海陆丰风味餐厅，那时蚝爷的餐厅里便开始卖生蚝了。后来，陈汉宗擢升为"蚝爷"，正式开启了他与蚝相伴的职业生涯。

　　蚝爷对蚝的热爱近乎执着，蚝已经彻底融入了他的骨子里、灵魂中。在与蚝的"对话"中，他连脾气秉性、穿衣风格也开始变得不同。他变得喜欢身着中式服装，经常是一身麻布衣衫配一双布履，颇有道骨仙风。而他与人说话，三句不离蚝——蚝如何做，如何吃，如何卖，怎么能让更多人的喜欢……蚝爷谈论起这些，总是头头是道。

　　都说十年磨一剑，而陈汉宗则用了数个十年的时间，最终在业界获得了"蚝爷"的尊称，如今的蚝爷已成为国内蚝产品的代言人。

　　任何一件事情，如果钻研到极致，便"已臻化境"。蚝爷爱蚝成痴，他创新的"蚝门九式"已经成为食蚝界的"武林绝招"。十几年来，蚝门九式的名字没有变化，但内里的招式却在不断变化。

　　论及蚝在国内的传播，蚝爷的贡献让他成为当之无愧的第一人。

捞蚝

蚝爷参加《中国味道》节目

## 永不落伍
## 用最新锐的方式与世界对话

多走，多看，多品尝。

有酒，有菜，有故事。

蚝爷在美食界的活跃度极高。他混迹的圈子很多，餐饮老板圈、厨师圈、媒体圈、时尚圈、娱乐圈……似乎到处都能看到蚝爷的身影。

近年来，蚝爷现身于报纸、杂志、电台、电视台的各大媒体，从中央电视台、湖南卫视、香港TVB（无线电视台）到《南方都市报》《三联生活周刊》等媒体都有蚝爷的身影。他受邀参加各种美食论坛担任嘉宾，参与拍摄各种美食短片并担纲主角，总之，不论参与什么媒体访谈，在什么场合，一贯沉默是金的蚝爷，一碰到关于蚝的话题，立刻就会变得滔滔不绝、神采飞扬。

蚝爷总是能敏锐地注意到各种时新的事物。聚会时，他没准就会指着你的手机问："那个APP（application的简称，多指智能手机的第三方应用程序）是什么啊？怎么用？我回去也装一个。"

刷朋友圈，玩微博，写公众号，开网店——这些时髦的事儿蚝爷算是一样都没落下。他还有自己的口号——"让我们一起在这里，吃吃，喝喝，聊聊生蚝。"

蚝爷不仅具有"网红"精神，而且他自己本身就是"网红"。

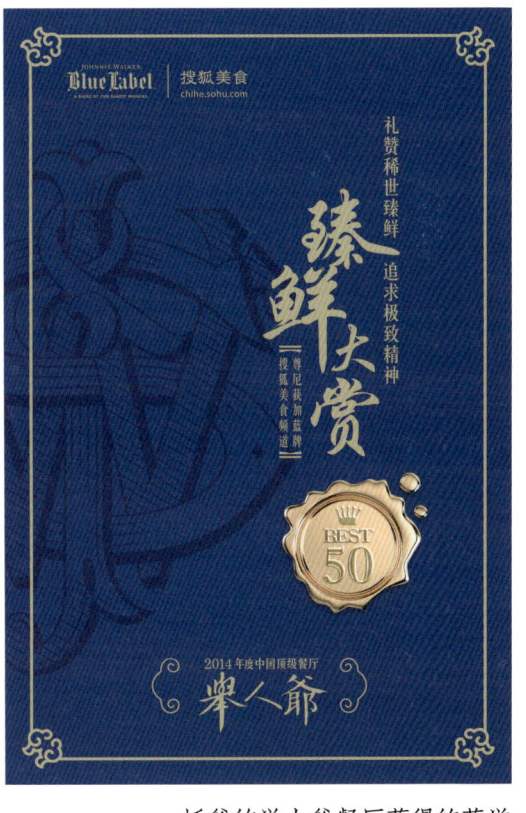

蚝爷的举人爷餐厅获得的荣誉

# 从海陆丰到深圳

### 海陆丰的学霸

蚝爷的故乡在地处北回归线以南、依偎着长长的海岸线的汕尾市（别称"海陆丰"）海丰县。海丰名字取义于"南海物丰"，作为著名的鱼米之乡，生蚝是当地最具特色的海产。如果可以跟着蚝爷穿越回儿时去他家里做客，你一定会惊叹真老热（潮汕方言，热闹的意思）。蚝爷家里有兄弟姐妹共八人，他在兄弟里排行第四，所以妹妹们也称他四哥。蚝爷从小就勤奋好学。直到现在，他的小妹说起这个哥哥，还是十分崇拜："我这个四哥，从来不跟别人打架，读书特别厉害。用现在的话说，四哥就是个学霸。"

影响中国菜的那些人

陈汉宗

10

红海湾的蚝场

11

壹。蚝爷与他的蚝门九式

## 深大高才生"下海"创业

20世纪80年代初,改革开放的春风吹到距离海丰县仅100多千米的深圳市。虽然两地距离不远,但是作为全国改革开放的龙头,当时的深圳早已是另一片天地了。1984年,蚝爷考上了深圳大学,成了乡里少见的知识分子。正是从那时起,他离开了家乡,踏上了求学之路,也开始了与深圳这座城市的不解之缘。

大学毕业之后,蚝爷来到深圳的一家国营企业,当上了一名基层干部。蚝爷平平稳稳地在那里度过了十年,他通过不断积累,最终成了一名出色的企业高管。在那个风云变幻的时代里,谁也不曾想到,印象中能端一辈子的铁饭碗,竟也遭遇了无法想象的变化。

1998年,亚洲金融风暴来袭,国内很多大型企业遇到了前所未有的危机。蚝爷所在的国企,也走入了发展的瓶颈期。彼时的蚝爷,已经做到了该企业的广州分公司总经理,他与公司员工又一起艰苦奋战了几年,直到最后迎来了资产重组。面临人生重要的分水岭,蚝爷毅然地选择了下海经商。那时蚝爷,已经38岁了。

日后每每谈到当年的选择,蚝爷都会说,辞职只是想去做一件事情,来证明自己的能力。

# 试水餐饮业

### 海陆丰的家乡菜

命运有时候就是这么不可言说，曾在年少时渴望做生意的蚝爷，在朝九晚五地工作了多年后，竟然重新燃起了自己的梦想。创业，对任何人来说，都不是一个简单的决定。蚝爷更认为不可莽撞行事。作为传统观念很强的潮汕人，他身上还承载着家族的希望，而这份希望也是一种压力。他希望能通过自己的努力来改变家庭的生活条件，希望能够帮助家里的亲人过上更好的生活。

民以食为天，蚝爷经过深思熟虑，最终选择进入餐饮业。选定了行业后，蚝爷在朋友的建议下，结合自身条件，决定就做自己熟悉的家乡菜。2001 年，深圳出现了第一家海陆丰风味餐厅——"举人爷"。

"举人爷"餐厅的名字大有来历。据说,海陆丰的传奇人物黄汉宗,是清朝末期的文人,他虽满腹经纶,才高八斗,但仕途多舛。黄汉宗年轻时曾高中举人,然而时局黑暗令他无心为官,后来他选择用自己所学为乡民执笔代言,撰写诉状,打抱不平,深受当地人尊敬。因为敬仰这位先辈的才气、勇气,加之恰巧与其同名——"汉宗",蚝爷便决定把自己的餐厅起名为"举人爷"。

在深圳这座移民城市打拼多年,蚝爷悟出了一个道理:要成功,就一定要坚持自己的特色。而举人爷餐厅的特色,就是海陆丰的家乡味道。创业之后,随着生意逐渐步入正轨,蚝爷便开始了他漫漫"淘宝"的旅程。他开着车流连于海丰一带,不到半年的时间,就跑了四万多千米。村镇里的深巷、大路边的小作坊他都去过,还经常和渔民一起坐着渔船出海,为了找到好食材,他四处奔波,却乐此不疲。

腐竹、苦瓜、牛杂、咸菜、海鱼……十几年来,蚝爷的每段故事都与不同的食物相关,每当他寻觅到某种好食材,立刻如同挖到宝一样招呼朋友来试菜,直到切磋出他认为的好味道,才能登上菜单。

即便如今蚝爷已经成为中国饮食文化传播的中坚力量的代表人物,每每回忆起自己第一次开生蚝的经历,蚝爷还是会捧腹大笑。那时的他拿到生蚝,随手就拎起菜刀,愣是用菜刀的刀刃去撬生蚝坚硬的外壳。最后,生蚝是撬开了,手也流血了。后来,他常用"菜刀开蚝"自嘲,却无意中也激励着那些青涩的追梦人。

## 蚝门九式 大道初成

### 初入"蚝门"

蚝爷试水餐饮业获得了成功,举人爷餐厅从最初只有老乡光顾的境况起步,渐渐地招徕了八方食客。渐入佳境的举人爷餐厅,转眼来到了 2003 年。这一年,对餐饮行业来说如釜底抽薪,尤其是处在风口浪尖的深圳,其餐饮业更是倍受摧残。在"非典"疫情肆虐的背景下,蚝爷却选择在这种非常时期开设了第二家分店。

朋友们问起时,他是这样说的:"'非典'让大众对飞禽走兽'敬而远之',也让大众的视线最终转移到海河鲜上。举人爷餐厅以海陆丰特色的海鲜、农家宴为主,生意不但不受影响,反而出奇地好,这也给我开分店增加了信心。"很难说清是时势造英雄,还是英雄造时势。福祸相依也许就是生活的常态,经过认真推敲、反复尝试,蚝门九式的最初版本诞生了!

影响中国菜的那些人　陈汉宗

16

蚝门九式之蚝鲍相会

**蚝门绝招**

谁又曾想到，如今已经名扬天下的蚝门九式，是来自早年蚝爷与朋友之间的一场对话。朋友问蚝爷："红海湾的海边有那么多蚝，为什么不尝试创出与众不同的做法？"

蚝爷与蚝那命中注定的相逢，便是从这次偶然的对话开始的。对蚝的专注和长情，从此被烙入了蚝爷的餐饮之路中。他爱蚝成痴，用近乎偏执的坚守，走出了一条常人无法想象的道路。

严格来说，蚝门九式并不是固定的九道菜式，而是与蚝爷的思路"与时俱进"的菜式，其中有不少让人拍案叫绝的奇思妙想。蚝爷凭一己之力，生生将中国人吃蚝的水准提升到了国际领先的地位。蚝爷在蚝的菜式及其相关衍生产品的开发上颇有过人之处，虽不能说蚝爷穷尽了蚝的菜式的可能性，却总可以看到他的新品层出不穷，令各路老饕闻香知味，蜂拥而至。

影响中国菜的那些人 陈汉宗

壹。蚝爷与他的蚝门九式

# 蚝门九式 年年有新章

一些熟悉蚝门九式的蚝痴，说起蚝爷的菜式可以做到如数家珍。从冰镇生蚝、芥末炒蚝、金丝生蚝、葱姜炒蚝、酸菜煮蚝、水煮生蚝这些蚝门九式最初挑大梁的菜品，到后来蚝爷创新的蚝鲍相会、油浸生蚝，再到最近几年完全"西吃"的铂金蚝和西班牙汁生蚝，蚝门九式的菜式不断推陈出新。蚝菜也在蚝爷的引领下出现了更多的新品，让人惊讶于蚝味居然可以如此多变。

多年前，最初版本的蚝门九式，风味更偏重于海陆丰的家乡风味。比如这个版本的第一式姜葱焗蚝，就颇有广州的啫啫煲之风。这道菜是将大量的姜、葱放入煲中，与蚝肉同烹，煲好后味道香浓，蚝肉饱满。闻之观之，都令人食欲大振。再如，还有一道咸菜猪手蚝，也非常"海陆丰"。潮汕至汕尾一带都喜欢腌渍咸菜，蚝爷曾去探访家乡的咸菜作坊，亲眼见证了田间的大芥菜经过时间魔法的演变，最终成了脆生生、具有酸咸口感的咸菜的过程。

壹。蚝爷与他的蚝门九式

对蚝爷来说，家乡的咸菜可以下白粥，也可以炒五花肉。咸菜猪手这道家乡菜，加入蚝之后就位列蚝门九式之中了。猪手焖到八成熟时，加蚝同煮。咸菜素来善引食物之鲜味，加之与猪手同煲，蚝肉吸入咸菜猪手的酸汁，味道更浓郁。蚝熟时，便可尽享鲜味。

蚝门九式在十几年的演变之中，"招式"不断变化。总结起来大致就是："土味儿"逐渐褪去，慢慢开始跨界融合，最终走向中西合璧，并且"国际范儿"越来越足。

博采众家之长后，蚝门九式里传统蚝菜重油的做法慢慢被淘汰，水煮、金丝等也不见了踪迹，它们随后被冬阴功生蚝、西班牙汁生蚝、石钵蚝、铂金蚝等创意食法取而代之。近几年，蚝宴风靡全国，使得蚝菜推陈出新的原则逐渐变成要"配得上酒"——葡萄酒、威士忌等等都是蚝宴的"常驻嘉宾"，所以新版的蚝门九式博采中西之长，不仅品相出新，吃起来更是非常"下酒"。

新版蚝门九式中的"金银蒜石钵生蚝"，颇有之前"桑拿""石锅"的影子，蒜香、油香在石钵内撞击着，包裹住一只只肥嫩的生蚝。蚝爷选来入菜的这些生蚝，每一只都外形完整，最宜佐配黑皮诺的红葡萄酒，可谓是口腹快哉！

## 海陆丰的家乡味

从十七年前的"举人爷稻谷香",到如今的"蚝门九式",熟悉蚝爷的人都知道他的餐厅里有一道以苦瓜为食材的招牌菜——土猪肉煲苦瓜。

苦瓜即凉瓜。它在菜牌上的名字,从"杜阮凉瓜"到今天的"大顶苦瓜",名字换了几轮,其实用的食材都是大头粗身的"雷公凿",只是产地不同。

未及五月,蚝爷就开始碎碎念:"没有苦瓜,夏秋可怎么过?"

大顶苦瓜的含糖量比普通苦瓜高 10%,所以它不但不怎么苦,切成薄片生吃甚至能吃出甜味儿来。但要保证有这个甜味儿,就必须赶在采摘最佳时间的前头——大顶苦瓜最喜欢凌晨的气温和露水,在这个时候采摘,就能保留苦瓜的爽脆清甜。时间一过,瓜虽然还是那个瓜,但风味就会逊色许多。

所以，对食用大顶苦瓜来说，"不时不吃"的说法不但要精确到月份，更要精确到一天里具体的时段。蚝爷要求合作的瓜农一定要摸黑去摘瓜，这样太阳一出来就能装车运到出售蚝门九式的各个门店。蚝爷的理念是：吃不到好的，不如不吃。

大顶苦瓜是一种广东本地的苦瓜。大约六十年前，佛山市南海区狮山镇谭边村就已经被称为"广东大顶苦瓜第一村"了。那时候的大顶苦瓜和现在的大顶苦瓜"长相"有点儿不一样，它的"脑袋"更大，尖端更小，那时它的别称是"雷公凿"。

很多年前，深圳还没有几家酒店用大顶苦瓜做食材，但蚝爷一直以来的观点是"生鲜就近"。全国各地当然都有品质好的瓜果，但在广东就要吃广东的本地品种，这样风味才是最好的。况且从使用新鲜食材的角度来说，食材本地化也是一个重要原则。

蚝爷曾和《南方都市报》一同发起名为"中华美食寻根之旅——寻味红海湾"的活动，他们一行人沿着海陆丰的海岸线一路寻找好食材，后来寻到了和人顶苦瓜齐名的杜阮凉瓜，这种凉瓜其实和大顶苦瓜是同一个品种，不过水土不一样，产出的苦瓜的味道也就不一样了。杜阮凉瓜以口感的"粉"而闻名，但蚝爷觉得大顶苦瓜的滋味更胜一筹。

大顶苦瓜，瓜如其名，头大，尾小，是为"大顶"。苦瓜这种食材在广东人的烹饪世界里能够演化出多种菜肴，但多数情况下他们会炒着吃或煎蛋吃。当然，广东人会用苦瓜搭配各种肉类煲汤，这一点儿都不让人感到稀奇。

一路上，蚝爷吃到的最惊艳的菜品是苦瓜刺身。这道菜有两种做法，一种是苦瓜去瓤，把瓜身切得极薄，薄得近乎透光，冰冻之后蘸绵白糖吃，那种清爽的感觉绝对能打开一个人的味蕾。另外一种吃法虽然也是苦瓜刺身、苦瓜也要"卧冰"，但是却要厚切，蘸酱油和芥末来吃，这种做法吃起来口感绝对不比北极贝差。

老实说，也只有大顶苦瓜能这么吃，因为大顶苦瓜的肉厚。好的大顶苦瓜的肉厚度可以达到约 1.3 厘米，所以，无论预处理时怎么去皮、去瓤，还是可以有厚实的口感。

《南方都市报》与蚝爷在海陆丰地区举行"中华美食寻根之旅"

有一道大顶苦瓜煲土猪肉，味道甘甜，清热下火。在蚝爷的各家餐厅，夏天里受欢迎的就是大顶苦瓜煲土猪肉。不夸张地说，从五月到七月，几乎每张桌子每天来的每位客人都会点上一道大顶苦瓜煲土猪肉。这道煲是将土猪肉切成大块儿，大顶苦瓜也切大块儿，起锅煲制而成。吸满了肉汁儿的苦瓜，比肉还要好吃得多，常常是一锅煲一端上来，苦瓜马上就被抢光了，然后汤也迅速见了底，肉却迟迟没有人动……

# 贰。

## 精诚所至，触类旁通

蚝罐头、蚝腊肠、蚝月饼、蚝粽子接连上市，简直就是『不疯魔不成活』！蚝爷为了心中的梦想，把蚝做到了极致。

影响中国菜的那些人 陈汉宗

多年前见过蚝爷,那时的他虽然年纪尚轻,但头发已经花白。

近些年再见到蚝爷,他的头发几乎全白,实际上他不过刚到知天命之年。

蚝爷这是操心操白了头,华发早生和他天天费心劳力地琢磨蚝的烹制不无关系。

蚝爷一头花白的头发,戴着一副黑框眼镜,经常穿着一身中式棉麻服装,给人的第一印象就是有一股匠人之气。有时,蚝爷是沉默的,他惜字如金,让人捉摸不透。但是,说起蚝他却是滔滔不绝的,像个老顽童。

**贰。** 精诚所至,触类旁通

2014年，和蚝打了十几年交道的蚝爷，不再满足于只研究蚝在餐厅堂食的吃法，于是他拓展了新思路，开始研发蚝的外带产品。

蚝爷说："我希望喜欢吃蚝的朋友，不仅能在饭店吃到美味的蚝，回家自己也能做出来，还能把这份美味带给亲戚朋友。"

抱着这种"让更多人分享蚝美食，让更多人爱上蚝生活"的想法，蚝爷和他的厨师团队开始"疯狂"研究。

于是，蚝罐头、蚝腊肠、蚝月饼、蚝粽子接连上市，简直就是"不疯魔不成活"！蚝爷为了心中的梦想，把蚝做到了极致。

贰。

精诚所至，触类旁通

影响中国菜的那些人 陈汉宗

# 金蚝腊肠

蚝爷研制的金蚝腊肠是国内第一款灌入蚝肉的腊肠。蚝香、肉香、酒香融为一体，四肥六瘦的完美比例，让金蚝腊肠不柴不腻，咬一口唇齿留香，令人久久难忘。

广东的传统腊肠已经够好吃了吧？金蚝也已经够鲜美了吧？如果在广东传统腊肠里加入金蚝，是不是就更好吃了呢？蚝爷就是这样想的。当然，这种想法绝不是 1+1=2 这么简单。蚝爷足足花了三年的时间，尝试了不同的比例和调味方法，才确定了这道金蚝腊肠最终的配比。之后，蚝爷跑了数十家腊肠加工厂，决定遵循最传统的方法来制作——以切肉、调味、搅拌、灌肠、生晒的工艺，加上"入口绵、落口甜、回味久"的十年陈酿汾酒，将酒的醇香与土猪肉、金蚝的鲜美融合，让世上多了一种别具香气的金蚝腊肠。

贰。精诚所至，触类旁通

## 金蚝粽子

　　蚝爷花了五年的时间,研究出了金蚝粽子。

　　蚝爷选来做粽子的金蚝的肉足足有 250 克重——没错,半斤重的金蚝肉被蚝爷包进了粽子里!金蚝粽子的做法是用土猪肉加金蚝做馅儿,包出硕大的金蚝粽子,用艾叶扎紧。吃一只金蚝粽子,就顶一顿饭了。

　　蚝爷在开发出"金蚝粽子"的第二年,就将其升级为"金蚝粽子皇"。蚝爷就是这样,他的人生不会因为某些成就而停留,而是一步一步地不停攀登。

　　金蚝如果生长不足三年,蚝爷是不会拿来做粽子的,不然怎么对得起这霸气的名字——金蚝粽子皇。对蚝爷来说,每只金蚝都来之不易,选好生蚝后,人工晒成蚝干,这些生蚝要在海边晒够十五天,而这个过程全靠海风和阳光的助力,没有添加任何的防腐剂、香料、色素。待一只肥美的生蚝被晒干,就会变得色泽金亮,单单这浓缩的蚝油香就馥郁芬芳,惹人食欲。

　　蒸熟后的金蚝粽子皇,还没剥开粽皮,就能闻到淡淡的香气。那是金蚝散发的蚝油香,在高温加热之后,香气透进糯米中,浓缩了十五天里阳光雨露的精华在瞬间全部散发出来,又因为混合了土猪肉、红豆、眉豆的香气,更增添了这道金蚝粽子皇的味道。吃到嘴里,涌上层层叠叠的甘甜,鲜香浓郁。

# 金蚝盆菜

## 仪式感与好意头

盆菜在广东人心中的地位极高。几年前,深圳下沙的万人大盆菜宴就创下了吉尼斯世界纪录。如果去香港旅游,不吃元朗的"大荣华"盆菜,就算白走了一遭。

谈及盆菜的历史,必然就要谈到客家人。盆菜在当下能够声望大振,深圳围头人(围头人是汉族广府民系的一支,分布于今广东省深圳市与香港特别行政区,他们自宋朝开始在这一带定居,他们的方言体系与客家话的体系相同)可谓是功不可没。而把盆菜由民间酒肆菜的档次提升到高档酒楼菜的档次、由草根饭菜变成金玉良餐的,则是最擅打造美食新概念的香港餐饮人。

传统盆菜讨人喜欢,一是因为足足的仪式感,二是因为满满的好意头(源自粤语"唔好意头",意思是图个好彩头、好兆头)。

对客家人来说,盆菜是过年和宗族聚会的"重头戏",它所蕴含的团圆意义大过其味道本身。而评价一道盆菜好坏的重要指标,就是看其食材的叠放顺序。每一款选入盆菜的食材,都肩负着一条来年的好意头,而蚝在盆菜中的寓意则是"发财好事"。

## 富贵金蚝大盆菜

普通的盆菜经过蚝爷的一番改造,立刻就能变身、升级。蚝爷做的盆菜足足包含了十二种食材,也寓意着来年十二个月的顺利。金蚝、海虾、海参、蹄筋、猪手、白切鸡、慈姑、腐竹、鱼饼、鲍鱼、大粒参和白菜,十二种食材汇集一盆,蚝爷要的就是这种"盆满钵满"的感觉。

蚝爷做盆菜,蚝自然是主角。精选自家蚝场生长足五年的生蚝,个儿大,肥美,经过汕尾冬至前后的海风吹拂、阳光生晒,鲜蚝从灰白色逐渐变为赤金色,周身包裹着一层薄薄的油脂,最大限度地保存了蚝的鲜味。作为盆菜里当之无愧的主料,蚝干煎出香味后,要再用高汤煲上一小时才能入盆。

贰。精诚所至,触类旁通

此外，蚝爷的盆菜里其他几位金牌配角也都值得一提：慈姑在广东话里有个别称叫"慈姑丁"，寓意"添丁"；腐竹则代表"竹报平安"；鱼饼色泽金黄，有"金玉满堂"的含义；大粒参是以马鲛鱼（即鲅鱼，广东人称为马鲛鱼）肉、梅头肉（猪肉的一种，是去骨后所得的猪肩胛肉）、虾米、冬菇等材料做成的大肉丸，意头是"财源滚滚"。这几味辅料与常见的广府盆菜、客家盆菜的辅料不同，带着浓郁的海陆丰特色。

每次蚝爷带队到海丰举办乡下美食之旅，都会在探蚝之余寻觅其他食材——粉围村寻腐竹、梅陇镇寻慈姑、县城寻鱼饼店，都颇受大家的欢迎。

老店、老伙计散发着浓浓的人情味和淳朴的乡土气息，这就是给旅者最好的手信。每次大家返程时，手上都会提上几袋土特产，人人都觉得很满足。

一到冬至，蚝爷的金蚝盆菜就准备起来了。

盆菜貌似粗犷，但实际上是根据每种食材各自的特点分开料理的，烹制完成后再层层铺叠装盆，让味道相互渗透，真正做到了你中有我、我中有你。

盆满钵满的盆菜，象征着来年家肥屋润。热热闹闹的盆菜一吃，年味就来了！

---

**Tips* 盆菜的做法**

1. 盆菜的摆放顺序是有讲究的：名贵的食材要摆放在上层，如鲍鱼、鸡、海虾等等；中层则是肉丸、猪手、蚝豉（广东人称蚝肉的干制品为蚝豉）等荤菜；下层一般摆放一些如萝卜、白菜等耐煮又吸味的蔬菜。
2. 吃盆菜的时候，要由上至下地逐层去吃，切忌从下向上翻着吃。
3. 如果是外卖的盆菜，吃前需要用大圆盆加热，淋入盆菜的汤汁，再以小火热透，以免煳底。

---

＊Tips：小提示。

# 叁。

## 红海湾与蚝

这里的生蚝敢于请客人们生食,一是说明红海湾的水质优良,养殖的生蚝干净、无污染;二是赢在一个『鲜』字——从海里采蚝,开蚝即食,这才是至真的原味。

  有海皆有蚝。仔细观察广东省的地图,整个广东省就如同一个倾斜的三角形,最长的一条斜边刚好是南海漫长的海岸线。从西南向东北依次寻来,湛江、阳江、珠海、深圳、汕尾——每一座沿海城市,几乎都有生蚝养殖场。

  若干年前,无论广东的哪片海域,在彼时没有污染的清澈的海湾里生长出来的蚝都很肥美。

  时隔多年,当年大名鼎鼎的沙井蚝、阳江蚝、湛江蚝陆续呈现颓势,在深圳美食界能话事(粤语,意思是有话语权、地位重要)的好蚝越来越少。不过汕尾的红海湾却是特例,这里一直盛产品相上佳的、长度在15厘米以上的大蚝王。

# 情系红海湾

**养蚝的风水宝地**

每年秋冬季节，蚝爷都会亲自带领美食团队浩浩荡荡地回乡。这种以食蚝为主题的美食之旅，蚝爷已经连续组织了十多次。从红海湾的蚝场到沿途的大排档、小吃店，穿插着还会前往咸菜作坊、腐竹作坊、腊肠作坊，两天的行程精彩纷呈，蚝爷亲自做导游，客人们自然就变成了蚝爷的"铁粉"。

从深圳到汕尾，百余千米的路程。

车辆一进入汕尾市鲘门镇地段，一片蓝色的海湾就会突然跳入旅人的眼帘，与公路两侧郁郁葱葱的绿树、远处绿油油的青菜地遥遥呼应。这片宁静的海湾就是红海湾。

从长沙湾出口下高速，车辆可以沿小路一直深入海边。穿过芦苇掩盖的绵延的土路，便是一望无际的"山海田园"。

海陆丰一带是著名的鱼米之乡，生蚝是当地最具特色的海产。虽说咸淡水交界之地都可以开辟蚝塘，但蚝生长对水质的要求极高。蚝爷说只有依山傍海、水陆交界、水质清澈的浅海滩涂才是养蚝的风水宝地。

汕尾地区工业不是很发达，从客观上减少了工业污染源。红海湾一带则位于咸淡水交界处，这里海水清澈，很适合生蚝的生长，村民的养殖技术也非常成熟。近些年，当其他地区遭受海水污染、江水污染问题困扰之时，红海湾养蚝的优势就体现得越来越明显。

## 怎一个鲜字了得

海边,视野辽阔,云淡风轻。坐上采蚝船,便可进入蚝田深处。

沿着红海湾的海岸线,绵延几十千米都是大大小小的蚝场。这里自古盛产生蚝,出产的蚝肉呈现淡淡的米黄色,肉质饱满。广东其他产地的蚝,平均每只的带壳重量为 100 克,而红海湾出产的蚝平均每只的带壳重量能达到 250 克,去掉壳后的净重也能达到每只 100 克。

蚝爷开着越野车从深圳出发,一路飞奔,直到来到海堤才停下来。海堤下面就是十里蚝场。蚝爷小心翼翼地走下由泥巴和蚝壳堆砌而成的"田埂",采蚝船此时也满载而归,渔民将一团团黑泥巴卸下来,用簸箕装着运给在田埂边上等待开蚝的蚝农。原来那一团团黑泥巴就是刚刚采回来的生蚝,因为长久浸在海水里,外壳与泥巴无异,难以辨认。

几十个头戴斗笠的蚝农手执蚝撬正在"叮叮当当"地开蚝,坚硬的蚝壳被敲开一道缝隙,此时再将蚝撬的柄插入缝隙用力一撬,蚝壳便一分为二,露出中间洁白的蚝肉。蚝农用蚝撬轻轻一刮,整个蚝肉便"脱壳而出",蚝农则顺手将大块儿的蚝肉放进一旁的胶皮桶中。

蚝爷现场捞起一串裹在泥巴里的生蚝,它们生长足有四五年了,每只都有近20厘米长。蚝爷用力撬开一个,里面的蚝肉肉质晶莹剔透,浑圆肥美。蚝爷一边开蚝,一边连吞了两只生蚝,性格里的豪爽之气显而易见。

同行的女士们见状,也捏起蚝肉直接送入口中。

"略带海水的咸味,鲜味十足,很肥!"有"蚝客"称赞道,并连吞了五只生蚝,大呼过瘾。

这里的生蚝敢于请客人们生食,一是说明红海湾的水质优良,养殖的生蚝干净、无污染;二是赢在一个"鲜"字——从海里采蚝,开蚝即食,这才是至真的原味。

## 生食是对品质的自信

有食客好奇,为什么每个蚝农面前都放着两只装满海水的水桶。

蚝爷解释说:"生蚝的品质总有高下之分,用两只桶就是为了将不同品质的生蚝分开来。"品质上好的生蚝,蚝肉呈乳白色,晶莹剔透,饱满圆润,在生蚝的头部还会有一圈黑色的"耳朵"。质地一般的生蚝则蚝肉色泽偏黄,肉质混浊,"耳朵"则呈褐色而非黑色。

此外,还会有一些个儿小、色沉的红蚝,虽然也能吃,但是一般情况下蚝场是不会向外售卖的,这种生蚝只能用来提取蚝油。

蚝场里撬蚝的工人都是从当地雇用的,按劳计酬。他们通常从早到晚不停地开蚝,一天最多能撬出二百多斤蚝肉。一天下来,蚝农的收入可以达到上百元人民币,在当地也算是不错的了。然而,蚝农每天蹲坐在海边开蚝,经常是日晒雨淋,一天下来必然是腰酸背痛。此外,蚝壳和蚝撬都非常锋利,很容易割伤。所以,蚝爷常说:"生蚝好吃,壳难开。"

　　人们平常在餐厅里吃到的各种蚝，一般都是经过治净、烹制过程的。在蚝场，捏起一只原生态的生蚝，会发现凹凸不平的蚝壳上面，还积着很多泥沙。没有完全不带泥的生蚝，但壳上的泥沙却不能有任何异味，所以内行人仅仅从蚝壳就能看出蚝的品质如何。

　　蔡澜曾经说过："吃蚝，怎么烹调都好，但绝对比不上生吃。"生蚝，生蚝，生着吃才好。只有品质优秀的蚝，才能捞起来就吃。如果对自家生蚝的品质不够自信，任何一个开生蚝餐馆的老板都不会请客人生吃。

叁。红海湾与蚝

## 历经寒风与阳光,始得金蚝

为了便于保存和长期食用,红海湾蚝场除了将带壳的鲜蚝发往深广各地,还将一大部分生蚝经过晾晒和风干后制作成金蚝。生蚝开壳后,只能现做现吃。但经过晾晒、风干,处理得当的金蚝密封状态下却能保存大半年。

在红海湾生蚝加工厂,工人们正在制作金蚝。他们在场地中央用两个金属支架架起了一个硕大的木框铁网。六十多岁的老张是加工厂里经验丰富的老员工,他把一大桶新鲜的蚝肉倾倒在铁网上,待水被沥干之后,再将蚝肉"排排队",一只只地分开,摆放整齐。

蚝爷说，金蚝分为半干和全干两种。根据天气情况，金蚝晾晒的时间需要一天到十天不等。

随着水分的蒸发，蚝肉的颜色逐渐由浅变深。当蚝肉表面呈现出蜜糖般的色泽时，金蚝的制作就完成了。与红海湾生蚝的自然养殖一样，金蚝的制作工艺至今仍然沿用着原始的手工加工方式，除了阳光和风的作用，没有任何添加剂。

生蚝对生长环境的要求很高，只有在海水里才能健康生长，一旦碰到淡水就会膨胀，一旦遇上太阳就会因水分骤减而收缩，说起来甚是娇贵。用来制作金蚝的被称为"大蚝王"的生蚝，经过太阳的暴晒后重量也会剧减，由一只半斤变成三只半斤，损耗之大可想而知。

浓缩成精华的金蚝，凭借着优质的卖相，市场价普遍定在两三百元一斤，是鲜蚝肉价格的十倍，可见是弥足珍贵。

蚝爷深知，金蚝的品质高是制作金蚝粽子王的关键，想要做到对金蚝品质的掌控，就必须创建自己的生蚝养殖基地和加工厂。蚝爷是说干就干。从此，蚝爷自家生产的红海湾生蚝一车车地被运往了约二百千米外的深圳，并逐渐被这座城市里的人所熟知。

生蚝养殖基地和加工厂的设立，让蚝爷的蚝门九式在保障原材料能够充足供应的同时，也保证了生蚝品质的稳定。而这，正是一切好滋味的根基。

每年九月至来年三月是生蚝最佳的赏味期。为了避免生产过强的时令性，蚝爷在掌握食材资源的基础上，开发出了一系列蚝产品，以满足食客的味蕾需求。

叁。红海湾与蚝

影响中国菜的那些人

陈汉宗

52

# 肆。

## 中西合璧，『蚝』情万丈

研蚝十载，初以菜刀开蚝，继而撬蚝、问蚝、识蚝、食蚝、喜蚝、寻蚝、观蚝、叹蚝、赏蚝、讲蚝！

——蚝爷

影响中国菜的那些人 陈汉宗

蚝爷在法国的蚝场

# 蚝门盛宴

外父佬（粤语，岳父的意思）把祖上相传的"珍丝腌生蚝"的秘方写给我，我先用"古龙天成三件"试试，还要加威士忌。

这是蚝爷某天发的朋友圈里的话。蚝爷就是这样，从品种到做法，及至吃法，一生钻研蚝，不惜走遍千山万水，熬到头发花白。

蚝爷寻蚝的足迹，国内沿着东部的海岸线从汕头、湛江向上延伸到山东，国外则遍布法国、丹麦、美国、澳大利亚、南非——几乎把全世界走了个遍。

## 以酒为媒，以蚝会友

蚝门盛宴，以酒为媒，以蚝会友。

蚝爷创立的蚝门盛宴是集蚝门九式的蚝味之大成的蚝宴，也是中西合璧的经典之作。品蚝时搭配着不同的葡萄酒，让酒和蚝相得益彰、彼此增色，是一场蚝与美酒联袂演绎的超级美食秀。

肆。中西合璧，「蚝」情万丈

蚝与酒的搭配可谓天作之合——酒能提升蚝的鲜味，而蚝又能把酒的精华充分发挥。

蚝和酒绝对不能乱配。比如，单宁较高的葡萄酒虽是好酒，但与蚝的海水味道混合后会产生金属味儿。蚝与酒搭配不当就会出现苦味儿，甚至会出现腥味儿，因此需要格外谨慎。而香槟味道丰富，层次分明，简直就是海鲜类菜品的"百搭基础款"。所以，不妨一口香槟一口蚝，可以吃出美妙的滋味。

> **Tips 蚝与酒的搭配**
>
> 美国蚝——宜搭配口感甜蜜型的酒
> 美国蚝肉质丰厚，质地也偏油润，蚝的腥味相对较轻，甜味相对突出。如果想以甜衬甜，可以搭配一些带甜味、果味丰富的酒，这样可以集中突出美国蚝的香甜特性和奶油口感。
>
> 法国蚝——宜搭配口感复杂型的酒
> 法国蚝可以说是咸甜兼备的代表，口感是海水味与甘甜味并重的。搭配味道同样复杂的旧世界酒（欧洲传统的葡萄酒生产国，如西班牙、意大利和法国等属于旧世界，而欧洲之外的其他新兴葡萄酒生产国家，如美国、澳大利亚和南非等则属于新世界）更为适宜。如十年以上的香槟，酸度高，还融合了矿物的味道与果香。此外，带着烟熏气息和果香的法国 Sancerre（法语，桑塞尔白葡萄酒）、Sauvignon Blanc（法语，白苏维翁酒或长相思酒）与法国蚝那复杂的个性最为相配，也能突出其中矿物的味道。
>
> 澳大利亚蚝——宜搭配口感爽朗型的酒
> 海水味道和矿物味道并重的澳洲蚝，肉质爽脆，这与酒性清爽、果味纯净的干白最为匹配。
> 雷司令酒是一种保守但安全的选择，不过，如果尝试选择搭配贵腐酒则会收获更为惊艳的口感。

2008年,与香港酒神黄雅厉先生的相识,为蚝爷打开了一扇新的大门。蚝爷开始疯狂地学习各类酒的知识,拜黄雅厉先生为师,并考取了专业侍酒师资格。客观地讲,蚝爷最初并不是单纯地迷上葡萄酒才开始学习的,他的出发点还是为了他所钟爱的蚝——新元素的引入可以让蚝味生发出更多的变化,而食物与酒的搭配也是一项足够吸引人兴趣的课题。

在一遍又一遍的尝试中,蚝爷重新解读了自己本已熟悉的红海湾生蚝。蚝爷发现,每一道由蚝制成的菜品,都有其独特的个性,应该为它们配上专属的伴侣。比如熏肉蒸金蚝,需要单一麦芽苏格兰威士忌(指完全由同一家蒸馏酒厂里只用大麦为原料制造的,并且在苏格兰境内以橡木桶熟成超过三年以上的威士忌)来释放出它厚重甘香的味道;再如香煎金蚝,搭配黑皮诺葡萄酒会很好地诱发出它的鲜香;而冰镇生蚝,如果能有夏布利葡萄酒的衬托,就如同在舌尖跳起轻快的舞蹈。当然,这些并不是唯一的搭配,还有更多的可能性需要去尝试、品鉴,而这也正是饮食搭配的乐趣所在。

肆。中西合璧,「蚝」情万丈

## 杯觥交错间，良辰尽欢

生蚝与美酒的完美结合，是从蚝爷举办"蚝彩之夜·蚝门盛宴"开始的。一时间，在饮食圈引起了不小的轰动，之后蚝爷则是一鼓作气，在国内举办了多场"蚝门盛宴"巡回酒会，使红酒配生蚝成为美食新时尚。

在广州石磨坊举办的"蚝好生活·财虎贺岁"主题酒会上，蚝爷将高端名蚝鉴赏和美酒品鉴相结合，同时为宾客带来了黄永玉绘画作品《财虎》的首发式，活动大获成功。

在北京，蚝爷与北京美伦会所、樽会所、百里香餐厅合作，共同演绎了"品酒，赏蚝，识友——我的生活方式"系列蚝门盛宴酒会。

同期，蚝爷做客湖南卫视，与世界级钢琴家赵胤胤、茉莉餐厅出品总监郝文杰、优能科技董事长王采采齐聚综艺节目《锋尚之王》，共赴"锋尚蚝情夜"，并用蚝门九式征服了嘉宾们的味蕾。

有一年，在杭州江南会一年一度的西湖雅集上，蚝爷应邀举办了六场蚝门九式鉴赏酒会，为江南会的会员、嘉宾近四百人打造了主题为"醉美蚝时光，品味精致人生"的奢华盛宴。蚝爷用五种精品蚝皇、四种进口生蚝搭配五款葡萄酒，令一众巨商富贾、文人墨客大开眼界！

之后，蚝爷在上海、成都、昆明、长沙等城市陆续开了多场"蚝门盛宴"的巡回酒会。在国内，"蚝门盛宴"最远开到了哈尔滨的香格里拉大酒店，带给北方食客美食与时尚的新体验。

蚝爷在全国各地举办的"蚝门盛宴"引发各大媒体的争相报道，在国内掀起了一轮顶级食材体验的新浪潮。蚝爷提出了"品酒、赏蚝、识友"的口号，也为酒友、蚝友们提供了一个绝佳的交流平台。大家交流心得，互通有无，为每一个新发现欢呼雀跃，为每一种新搭配兴奋不已。在探索、尝试的路上，蚝爷也结识了不少好友。

肆。中西合璧,「蚝」情万丈

影响中国菜的那些人 陈汉宗

## 名仕风流，
## 夕阳下的稻田蚝宴

海丰，深秋，稻田里。

收割后的稻田里，脚下是松软的稻草，清新的稻香扑鼻而来。

在稻田间将长桌摆好，大锅架起来，美酒搬下车，此时乐队也就位了……

以蚝为名，返璞归真。蚝为主题，稻田为媒。蚝爷在这稻田之上，举办了一场朴素的、奢侈的、文艺的"稻田里的盛宴"。

肆。中西合璧，「蚝」情万丈

蚝爷选择在稻田里举办宴会，这让受邀的嘉宾直接解锁了"成年人的好奇心魔盒"。蚝爷说，一切起因，皆是秋风一起，气温回落，就到了"蚝事之秋"。

　　夕阳下，晚风中，头发花白的蚝爷在稻田里忙里忙外。他是这场狂欢派对的发起者。爱玩会玩、爱吃会吃的他，为了推广家乡的生蚝可以说是绞尽脑汁地搜刮创意。此前，蚝爷已举办过多场红海湾的美食之旅，但是为了出新求异，蚝爷又把蚝宴搬到了稻田里，这就是蚝爷的创意。

　　美食自然不能缺了美酒和音乐的陪伴。长桌之上，白葡萄酒、红葡萄酒、威士忌一字排开。一直以来，在美食与美酒的搭配上，西餐似乎更有发言权。但蚝爷的"蚝门盛宴"却另辟蹊径，探索出一系列以中西餐结合而成的蚝菜与美酒的搭配之道，使得酒品与菜品相得益彰，彼此增色。

　　葡萄酒与海丰八音的融合让这场蚝门盛宴增色不少。这里的海丰八音，指的是八种乐器，可谓是吹拉弹唱无所不有，曲调也是抑扬顿挫、悠扬婉转。蚝门盛宴上演奏的曲目，大部分是来自中国民间的传统曲目。在海丰这个地方，乡里乡外，不管是何种红白喜事都少不了一群老人到现场演奏。蚝爷在稻田里也请来了这样的一群老人，他们大都到了花甲之年，但是把乐队搬到稻田里演奏对他们来说还是头一遭，也是一件新鲜事儿。他们丝毫没有受到年龄的影响，一个个无比敬业，全都沉浸在音乐带来的喜乐之中。

肆。中西合璧，「蚝」情万丈

稻田里架着数根高高的竹竿,其上挂起一串串刚刚蒸熟的腊肠,看上去晶莹油润。其中色深的是生蚝腊肠,色红的则是传统的广式腊肠。这些自制的腊肠每个都饱满圆润,咬一口下去,瞬间就会迷恋上这种味道。

稻田的另一边,两口烧柴火的大锅冒着腾腾的热气。一口锅煮起了咸菜猪手蚝,另一口锅煮的是味道厚重的葱烧大蚝。葱烧大蚝,名字听上去和"葱烧海参"差不多,其实做法也是参考了葱烧海参的烹饪方法,这样做出来的生蚝又是一番全新的滋味。

桌子的另一侧摆满了现开的生蚝,蚝爷在其上撒了金银蒜,又淋上了花生油,直接就端在炭火上烤了起来,炭火和生蚝融合的香气越过稻田,随着晚风一直飘散到很远的地方。

# 汕尾蚝店

汕尾乡下的街边老店,动辄就有十几二十年的历史。开店的老板和到店里吃饭的街坊,都是熟口熟面(粤语,形容对某人或某物有熟悉的感觉),老店能这么多年一直开下来,想想就知道口味肯定很"赞"。

乡下朴实,不重门面,就算店家挂着饭店的招牌,也还是大排档的做派,店里没有精美的装潢,老板把钱和精力都花费在了食物上,比起用在门面上的开销,这样的做法更得老顾客的欢心。

所以,寻味儿的食客们还是应该坚信——好的味道,一定藏身在最质朴的角落里。

肆。 中西合璧,『蚝』情万丈

## ❁ 东东饭店

如果能跟着蚝爷的乡下探蚝团去海陆丰，那么在去蚝场的路上，蚝爷一定会带你去当地餐厅品尝地道的乡间蚝菜。

位于汕尾市红草镇南汾村的东东饭店是一家不起眼的大排档，可这里却总是门庭若市。有很多从深圳和香港慕名而来的客人，他们长途跋涉地来到这里，就是为了到东东饭店来吃一餐便饭。

东东饭店里是清一色的大圆台，上菜时不是大盘就是锅仔，分量十足。当地人也爱把喜寿宴、满月宴等选在这里，可见这里的人气之旺。这里的招牌菜有猪肚汤、番薯粥、黑豆煲猪肠、鱼丸、清炒老鼠耳、咸鱼等，可以说每一道都是简单质朴的家常味。东东饭店地处蚝场聚集的红草镇，所以这里餐桌的主角自然是当地的特产——生蚝。

### 下饭——葱姜炒蚝

葱姜炒是粤菜里海鲜的基本烹饪方法，一般的海鲜都适用，生蚝也不例外。葱姜炒蚝，只听名字都知道这肯定是饭店里上菜最快的一道菜，而且它的配料很简单。爆炒之下的蚝，最大限度地保持了蚝肉的本味，葱姜之气掩盖不住鲜蚝之香，蚝肉饱满，肉汁充盈。

### 下酒——小三鲜

小三鲜和大三鲜都是海丰本地做菜的常用的食材，具体用哪三鲜，厨师常有灵活的调整。东东饭店的小三鲜，选的是猪肉、鲜蚝和鳗鱼。这三种食材放到一起，用农家土法焖透，成品会散发出猪肉的油香，更能衬出生蚝的鲜，而鳗鱼又能增甜，搭配到一起彼此增鲜、提味儿。

## ❀ 西闸渔村

西闸渔村和东东饭店是蚝爷回乡必去的两家老店。这两家店都质朴气息十足，让人不禁想起小时候的味道。

西闸渔村的院子里，小猪哼哼地叫着，大鹅的叫声也是不绝于耳。城乡地段并非寸土寸金，所以院子也非常宽敞，店里烹饪用的土鸡、土鸭、土猪都在自家院子里养着，也算是吃得新鲜、绿色、健康。

做平价海鲜和农家宴的西闸渔村，就餐区是在自家院子里搭起的棚架，客人在其中用餐可以挡风遮雨，里面天天人头攒动，热闹非凡。这里的招牌菜有土灶鸡、猪什、功夫豆腐、小白菜煲、上汤牛丸、潮汕特色小吃鼎溜粿，还有用超大盘子盛着的黄灿灿的蒸地瓜，那颜色让人想起当地老乡亲切又温暖的笑容。

### 乌猪焖咸菜蚝

咸菜煲是海丰地区特有的做法。最初的版本是咸菜煲猪手，之后才有的加进了生蚝的改良版。西闸渔村养了很多小黑猪，于是老板又把猪手升级成了黑猪肉。这样的一锅端出来，既有咸菜的酸，又有蚝肉的甜，再加上黑猪肉的浓香，让人简直欲罢不能。

### 锡纸蚝

锡纸蚝可以说是西闸渔村最具人气的一道蚝菜了。将锡纸剖开，香气溢出，从大量的葱姜配料中"挖掘"出里面的金蚝，有点儿像吃辣子鸡的感觉。虽然是鲜蚝，但在锡纸的包裹下，先炒后烤的蚝吃起来竟然有了金蚝那种厚重的层次感。

# 丹麦蚝文化交流

## 丹麦蚝灾，岂能坐视不管？

《生蚝长满海岸，丹麦人却一点也高兴不起来》——2017年4月，互联网上一篇关于丹麦生蚝泛滥成灾的文章引起了蚝爷的关注。

蚝爷心系与生蚝有关的一切事情，看到这一消息，他立刻与丹麦王国驻上海总领事馆的工作人员联系，一起赶赴了丹麦。

丹麦的这场蚝灾其实是由于外来物种入侵造成的。入侵的生蚝叫太平洋生蚝，这一物种并不属于丹麦海域，由于它在丹麦没有天敌，所以能够在当地海岸肆意繁殖，对丹麦的海岸生态环境造成了极大的破坏。最严重的时候，想去海里游泳的人非得穿着鞋下水才行，否则休想能够安全地跨过它们。

蚝爷带领的"灭蚝"大军来到丹麦的Glyngøre Shellfish（丹麦语，格林戈尔贝类）蚝场，同向政府报告生蚝泛滥的第一人Svend Bonde（斯文·邦德）先生一起，下海打捞生蚝。在他们打捞的生蚝里，除了丹麦本地生蚝就是大量的太平洋生蚝，还有数量众多的海星。

海星喜欢吃蚝肉,所以捞上来的生蚝有许多蚝肉已经被海星吃掉,只剩空空的蚝壳。此外,太平洋生蚝的蚝壳比本地生蚝的更加坚硬厚实,因此"欺软怕硬"的海星就更爱吃本地生蚝。

带领蚝爷出海的Svend Bonde先生,是Glyngøre Shellfish蚝场的主人。这个蚝场出产的生蚝产品专门供应给西班牙地区的顶级餐厅,闻名世界的丹麦顶级餐厅——NOMA餐厅的生蚝也取材于此。

### 当中华料理遇见丹麦生蚝

除了去海滩前线"慰问灾情",蚝爷此次的丹麦之行还做出了更重要的壮举——那就是中国蚝爷陈汉宗与丹麦蚝王Jesper Voss(耶斯佩尔·福斯)的现场过招。

中国蚝爷与丹麦蚝王的厨艺交流,实际上是丹麦王国驻上海总领事馆发起的"Panda Oyster(中文译为:熊猫牡蛎)中华蚝味道"活动。蚝爷带领陈家班的大厨,在异国他乡现场制作了水煮生蚝、姜葱生蚝、酥炸生蚝、油浸生蚝、金丝炸蚝、板煎金蚝、五洲杯汁蚝、芥末炒蚝以及酥脆蚝烙,用精彩绝伦的蚝门九式,将中华饮食文化对蚝的理解,阐释得淋漓尽致。

蚝爷与丹麦王国驻上海总领事普励志先生

被誉为丹麦蚝王的Jesper Voss，现场料理了数种别出心裁的生蚝菜品，如红酒醋洋葱生蚝、芝士火腿焗生蚝、柠檬草莓黑椒生蚝、戈尔根朱勒干酪焗生蚝、柑橘渍生蚝等，每道菜都极具创意。

一位是"蚝爷"，一位是"蚝王"，两者的现场"对决"，引来上百位丹麦食客观战，他们不仅大开眼界，还品尝到了两种不同风情的顶级生蚝料理。很多前来品尝的食客都表示，中国人料理生蚝的方法前所未见，味道惊艳。丹麦蚝王Jesper Voss也表示，此次中丹生蚝料理交流，令他有机会品尝到中国料理方式烹饪的生蚝，对其生蚝料理方式也有了全新的启发。

媒体称蚝爷一行人是"灭蚝军团"，实际上蚝爷的这次丹麦之行更像是一次中丹"蚝文化"的交流，蚝爷为丹麦带去了中华蚝料理，传播了中华饮食文化。

## 伍。全世界觅蚝

吃蚝，有人爱豪爽的风格，
有人爱creamy（像奶油的）的风格；
有人爱海水味的，有人爱甜味的，
还有人爱金属味的……不同的人有不同的喜好。

# 生蚝美食地图

吃蚝，有人爱豪爽的风格，有人爱 creamy（像奶油的）的风格；有人爱海水味的，有人爱甜味的，还有人爱金属味的……不同的人有不同的喜好。

蚝与白葡萄酒的搭配，简直就是天作之合。正因如此，在欧美国家和中国香港地区，大大小小的专门经营生蚝饮食的"蚝吧"应运而生。这些店家空运世界各地的鲜蚝，他们以蚝配酒，让食蚝者能够品味不同的新鲜蚝味道。

蚝爷常说"冷水出好蚝"，所以每年从入秋开始至来年春末的这段时间，是生蚝最为肥美的时候。此时捕捞的生蚝，蚝肉会亮晶晶的。如今航运发达，全球各地的生蚝从打捞上岸到端上餐桌，最短一天时间就能完成。加之南北半球冷热交替，这为蚝客们提供了完美的尝鲜条件，让蚝爷这里的"环球美蚝"轮流上新。

蚝爷想让食蚝者享尽天下蚝美味，所以潜心研究各国的生蚝，他发现美国蚝味甜，澳大利亚蚝海水味最浓，而法国蚝和他们的红酒一样呈现出金属味、奶油味、坚果味等复杂的味道，可以说各个地区的生蚝都不同，每种蚝都个性十足。蚝爷说，真正的蚝中老饕，吃蚝会如饮红酒，按照产地、风味、时间，逐一品味。

在中国绵长的海岸线上，从南到北都分布有生蚝，常见的有二三十种，比如近江牡蛎、褶牡蛎、大连湾牡蛎、长牡蛎等等。与国外大名鼎鼎的法国吉拉多生蚝、法国金钻生蚝、悉尼岩蚝、新西兰生蚝等相似，中国也有不少特色鲜明的地方名品，比如广州湾的石门蚝、海丰的高螺蚝、珠海的银坑蚝以及深圳的沙井蚝。说起这些，蚝爷如数家珍。蚝爷常说："沙井蚝，玻璃肚。"深圳的沙井蚝因个大、肉嫩、肚薄，名扬天下。不过，蚝爷却遗憾地表示："可惜的是，沙井蚝在20世纪80年代遭遇到了前所未有的生存危机。由于深圳工商业迅猛发展，随之而来的是海水被污染，对水质要求极高的沙井蚝养殖因此遭受沉重打击。20世纪80年代末到20世纪90年代初，当时的深圳市政府对宝安区进行了重新规划，沙井海域的蚝田全部被规划成工商用地，沙井蚝蚝田几乎全部被迁出深圳，转战到台山、阳江、潮汕一带。从此，江湖上就只剩下沙井蚝的传说了。"

## 觅蚝，从法国开始

北半球的秋天到了，生蚝的"好日子"也到了。蚝爷说，如果想一睹生蚝的绝美风华，就要来一趟法国开始觅蚝之旅。

因为世界上恐怕没有第二个国家能像法国那样，可以同时拥有品种丰富且品质上乘的生蚝和葡萄酒了。最难得的是，这两种尤物的搭配是如此默契，简直是珠联璧合。

法国玫瑰生蚝

蚝爷法国考察蚝场

伍。全世界觅蚝

蚝爷说，法国是全世界最大的生蚝产地，也是欧洲第一个大规模养殖生蚝的国家，其全国生蚝养殖场的数量已达数千个。法国拥有绵长的海岸线和世界上最好的生蚝床（生蚝生活的海底坚硬的区域叫生蚝床或牡蛎床），这让法国生蚝从品种到味道都非常丰富，光是法国生蚝的品牌数量就有几千个。

蚝爷到当地蚝场时发现，法国人非常重视养蚝方法。他们会先在海中饲养，然后再放到淡水或者咸水区域再养一段时间，让生蚝吸取不同养分，并以此长出不同的味道。

法国的蚝场

# 陆。

## 优雅又多变的舌尖至味

中国人食用蚝的历史最早可以追溯到新石器时代,所以如何在现代将中国的蚝美味做成享誉世界的味道,就成了蚝爷一直致力研究的课题。

牡蛎，是生蚝的学名。在不同的地区，生蚝都有不同的名字。在讲粤语的地区，它被称呼为蚝；在讲闽南语的地区，它变成了蚵仔；还有一些地区称之为海蛎子、蛎黄、蚝白、青蚵、牡蛤、蛎蛤、磁等不同的名字。在深圳土生土长的陈汉宗，自称为蚝爷，这名字里也有着他对家乡的一份情。他曾发愿，要将家乡的美味带到世界各地，让优雅又多变的舌尖至味传播到各地。

很多人以为食蚝是改革开放后舶来的饮食习俗。但是蚝爷却深知，中国人食用蚝的历史最早可以追溯到新石器时代，所以如何在现代将中国的蚝美味做成享誉世界的味道，就成了蚝爷一直致力研究的课题。

在2013年发现的浙江余姚井头山贝丘遗址中，就发现了祖先们食用过的数量巨大的各种海鲜的壳，包括蚶、螺、牡蛎等。此外考古专家还发现祖先在8000年前就已经根据需求，对生活场所进行分区，设有食物和工具加工区，专门加工牡蛎。该遗址还出土了大量的撬壳用的工具，也证明了中国人食用蚝的历史非常久远。《神农本草经》中将蚝列为上品，最早记载了它的药用价值。

宋朝大文豪苏轼被贬至海南时，就有感于生蚝的美味，在写给弟弟苏辙的家书中写道："无令中朝士大夫知，恐争谋南徙，以分此味。"短短几行字，一个吃货的小心思跃然纸上！蚝爷对生蚝的"小心思"一点儿也不亚于苏东坡，但与苏东坡不同的是，蚝爷是想让全天下的人都知道中国有悠久的食蚝历史，中式烹饪方法做出的生蚝美味无比！

陆。

优雅又多变的舌尖至味

# 充满危机的一生

**要么放弃自由，要么失去生命**

蚝爷说："坦率地讲，生蚝'长大成人'，是要历经千难万险的。所以我们应该珍惜吃到的每一只蚝。"

蚝爷说蚝生于水中，在生命最初的十几个小时里，它就像一只摇头摆尾的幼虫。不过有意思的是，此时，蚝虽然个头小，但是这时也是它们一生中仅有的能来去自由的时光。

小蚝虽然刚出生不久，但它也不是无所事事的。在约两周的时间里，它会长出一只强劲的足，并且会大量分泌一种类似水泥的黏性物质。然后，在某一天，它会突然黏附在自己意外碰到的第一个干净又坚硬的物体上，而它那些成千上万个侥幸没被鱼吃掉的同胞兄弟，却不见得一定能碰到这种坚硬的物体，没碰上的小蚝就会死掉。

蚝爷认为，蚝的一生是充满危机的一生。它们要么放弃自由，要么失去生命，没有其他的选择，这就是大自然母亲给蚝上的严厉的一课。

## 以水为生

蚝爷说，不独是蚝，大自然中还有很多的生物，如果你知道它们的生长过程，就会发现它们能活下来就已经是一场令人赞叹的奇迹——它们一要费尽精力觅食果腹，二要时刻提防天敌的觊觎。而对蚝来说，寻找果腹的食物倒不是太难的问题，因为它只需"饮水"就能生存下来，这实在是一种令人羡慕的能力。

就像 M.F.K. 费雪在《写给牡蛎的情书》中写道："每当天公作美，水温保持在华氏七十八度（约26℃），它一个小时便可轻轻松松地喝下二十六七夸脱（约25升）的水。它比大多数生物都善于结合工作与娱乐，从汩汩流过鳃际的水中，筛出美味的硅藻和多甲藻，吃进肚里。"这种"善于结合工作与娱乐"的生物是牡蛎，也就是我们熟悉的蚝。

当小蚝遇到坚硬的物质时，它便结束了自由的生活，此后就进入了漫长的成熟期。不可思议的事情发生了——在之后一年多的时间里，小蚝会竭尽全力为漂浮过身边的数十万个蚝的卵受精，直到有一天深藏在内心的母性被唤醒，于是"他"摇身一变，就成了"她"。

这种性别发生变化的情况在蚝中十分常见。到现在为止，还没有任何一个权威的科学结论能够解释到底是温度还是其他的因素诱发了这种奇妙的变化，又或者说这种现象是多种因素综合作用的结果。

## 雌雄难辨的蚝

蚝爷说,能了解蚝的生长过程,才能更好地理解如何去烹制一道蚝菜。然而,如同薛定谔的猫难辨生死一般,蚝的雌雄同样扑朔迷离。

嗜食蚝的美国美食家费雪,在《写给牡蛎的情书》一书中漫谈蚝奇妙的生命、独特的口味和种种趣事轶闻,其中对于蚝的雌雄谜题着墨更是颇多。对心思细腻的吃货来说,这真是一件足够震撼的事情。

蚝爷说,在牡蛎的生长发育过程当中,经常会发生令人意外的雌雄转换,甚至是雌雄同体的现象。但是蚝雌雄还是有分别的,只是从外观形态上很难一眼识破,需要专门的辨别手段。

## 开蚝要有仪式感

　　蚝爷不仅爱吃生蚝，而且还是个开蚝工具的发烧友。蚝爷在全世界范围内寻觅蚝味，他说除了在外面的餐厅吃蚝，像自己这种骨灰级的蚝客，都喜欢买蚝回家自己开蚝吃。

　　蚝壳坚硬，一般人看到都会觉得难以下手。若没有专业工具，撬开蚝壳还真是道难题。蚝爷刚入"蚝门"时，还闹过用菜刀开蚝的笑话，现在说来，也都成回忆往昔的谈资了。

现在，蚝爷已经置办了非常专业的开蚝设备——台垫、帽子、手套、围裙、蚝刀等一应俱全，相当讲究。其中，蚝爷的手套很值得一提，它们是用钢丝编制而成，戴上之后手指却可以十分灵活地进行操作，让人大开眼界。而且，有了这层钢丝的保护，尖锐的蚝刀就伤不到双手了。蚝爷笑说："戴上这个钢丝手套，就算伸出手让鲨鱼咬一口都不怕！"

蚝爷撬蚝时很有仪式感。他开蚝时会先找来一块干净的手布，用手布的一角包住生蚝，折叠过来，再把手布捂起来紧紧地抓牢，最后用蚝刀的尖端插入生蚝微微张开的缝隙中，并将其使劲地推入。当感觉到蚝刀已经穿透了生蚝时，将刀柄用力一扭，蚝壳就应声而开了。

开壳之后，蚝爷会将蚝刀从蚝肉与蚝壳相连接的侧面切入，逐步切断蚝肉与蚝壳相连的组织。此时，蚝爷一般还会特别注意要将蚝壳放得平稳，他说千万不要洒出其中的海水，因为吃蚝的一大乐趣，就是合着蚝壳之中新鲜的蚝汁和海水一并吞下，这样既能品尝出产地的海洋风味，还能满足对营养和美味的需求。

陆。优雅又多变的舌尖至味

## 捡蚝诀窍

刚开壳的生蚝上桌，新鲜的肉质带着透亮的光泽，还有海水咸咸的味道。如果开壳的时间不是很长，生蚝就会吐出海水以维持生命。如果发现蚝肉已经没有水分了，肉质看上去也是暗哑没有光泽，则表示这只蚝将命不久矣。

蚝爷对厨师们说，打开新鲜的生蚝，最考验厨师技巧的一点就是撬蚝的手法——不能把碎壳掉在蚝肉上，否则就太煞风景了。若在专业的蚝吧吃生蚝拼盘，吃的时候要由淡到浓地吃。先是淡味的美国生蚝，接着是非洲生蚝、爱尔兰生蚝、苏格兰生蚝，隆重登场的应该是优雅、复杂、多变的法国生蚝，最后则是海水味浓郁的澳大利亚生蚝。

# 柒。

蚝门盛宴的十五道菜

# 蚝鲍相会

在红海湾足足生长了六年的蚝皇，风干后与鲍鱼一同浸制。鲍鱼的制作过程繁复，制作时会用到蚝油，而在这里鲍鱼的味道还需要反哺风干后的金蚝。厚重馥郁的鲍汁，渗透到蚝与鲍鱼之中，之前蚝本身天然的金属味道被淡化，取而代之的是油润与鲜甜。这道菜上桌时色泽金红惹人，食之爽滑弹牙，两者在舌尖浪漫邂逅，搭配冷藏过的白葡萄酒，滋味更上层楼。

柒。蚝门盛宴的十五道菜

## 主

- 10头生晒金蚝 …… 100克
- 4头大连鲍 ……… 150克

## 辅

- 水淀粉 …………… 适量
- 荷兰豆 …………… 适量

## 调

- 蚝油 ……………… 适量

## 汤

- 老鸡 ……………… 1只
- 猪骨 ……………… 4大块
- 云腿 ……………… 300克

  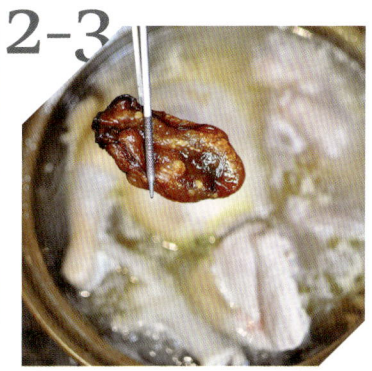

1. 先用老鸡、猪骨、云腿煲制高汤。将所有高汤用料下锅后，先用武火炖制然后转文火煲制，五六个小时后煲至汤色金黄、香气扑鼻，关火，盛出备用。将大连鲍去壳，取肉。将鲍鱼肉治净。荷兰豆洗净，焯水备用。

2. 锅内加入高汤，下入清理好的鲍鱼肉，加入蚝油，大火炖制。盛出鲍鱼肉，鲍鱼汁留用。用竹扦夹起生晒金蚝，用喷枪烤制，直至生晒金蚝颜色变深、出油。

3. 将烤制过的金蚝和鲍鱼肉摆入盘内，放入荷兰豆，鲍汁中加入水淀粉勾芡，浇在金蚝和鲍鱼肉上即可。

# 冰镇蚝王

大道至简,大音希声!

如同乐队演奏时能一锤定音的大鼓,有时候简单、纯粹反而更有震撼人心的力量。

冰镇蚝王选材考究,搭配严谨。蚝爷选择了最少的步骤、最简单的料理方式,这样可以确保食物以最佳的状态呈现在食客面前。

被称为蚝王的严选生蚝,每一只的肉都能达到巴掌大小,形似一把把小蒲扇,无愧于蚝王的美誉。

这道冰镇蚝王搭配的酱汁,做法"脱胎"于潮汕地区的生腌,蚝爷别具匠心地加入了芥末,使之成为生蚝的灵魂伴侣。

柒。 蚝门盛宴的十五道菜

### 主

带壳生蚝（蚝肉约100克/只） ………………………… 适量

### 调

自制蚝伴侣（用番茄酱、辣椒酱、芥末、生抽制成） ……………………………… 10克

### 饰

| 柠檬片 | 1片 |
| --- | --- |
| 鲜花 | 适量 |
| 碎冰 | 适量 |

1. 快速清洗蚝壳。注意避免水流过大，也不要直接冲洗蚝肉，以免冲淡生蚝的原味。用撬蚝工具撬开蚝壳，注意尽量不要产生过多的碎渣。
2. 用毛刷将蚝肉周边掉落的碎壳清理干净。保留蚝壳中的汁水，保持原汁原味。

柒。蚝门盛宴的十五道菜

影响中国菜的那些人　陈汉宗

3-1

3-2

4

5

3. 用保鲜膜把开好壳的生蚝包裹好（包保鲜膜是为了防止蚝肉的水分流失，确保口感鲜嫩），带壳放入蒸屉中用旺火蒸 5 分钟。
4. 将蒸好的蚝取出，揭去保鲜膜，凉凉。将其放置于风冷保鲜柜（温度设定为 0℃～3℃）中冷藏 25 分钟。待蚝肉彻底降温后，将蚝从保鲜柜取出，摆入铺满碎冰的盘中。
5. 浇上自制蚝伴侣，点缀上鲜花、柠檬片装饰即可。

# 冬阴功生蚝

柒。
蚝门盛宴的十五道菜

东南亚的菜品最是风情万种,很多菜色彩搭配得五色缤纷的。这或许和当地的风土人情有很大的关系。沐浴着阳光和海风的土壤,生长出的食材,其味道和色彩自然也是与众不同的——五光十色的香料、青红两色的黄绿咖喱,融合在一起如同艳丽的油画,色彩明亮而强烈,却又十分协调。

香茅、薄荷等各种香料的天然芬芳中和了咖喱的强劲。这些香料在盘中肆意地绽放,成为东南亚料理的灵魂。尤其是集大成者的"冬阴功汤",这一道菜可以吃得"高山流水",也可以吃得"下里巴人"。

蚝爷发明的这道冬阴功生蚝就汲取了东南亚风味的精华,让大个儿的蚝肉迅速吸饱汤汁,再搭配上泰式酱料一口吞下,感受蚝肉在口中爆开后带来的浓郁味道。冬阴功汤的酸辣味融合了蚝本身的海鲜味,让这道菜变得厚重又美味,这也是泰式风味与蚝的原汁原味相结合的魅力之所在。

## 主

带壳生蚝 ············ 约8只

## 辅

黄豆芽 ············ 150克

## 调

植物油 ············ 适量
冬阴功酱 ············ 50克
香茅 ············ 20克
柠檬叶 ············ 适量
朝天椒 ············ 10克
柠檬 ············ 10克
薄荷叶 ············ 适量
生姜 ············ 适量

1. 生蚝去壳,取肉,治净。起锅烧水,待水温达到约 90℃,将生蚝肉下锅汆水 15 秒。注意水温不要过热,也不要汆水时间过长,因为水温过高或汆水时间过长都会造成蚝肉过度收缩、肉质变硬。

2. 将柠檬洗净,切成小粒。香茅、朝天椒洗净,斜切成小段。柠檬叶切成丝。黄豆芽洗净备用。生姜洗净,去皮,切丝备用。

3. 起锅倒入植物油,加入黄豆芽、香茅段、姜丝、柠檬叶丝、朝天椒小段、柠檬粒爆香,然后加入冬阴功酱调味。

4. 放入蚝肉同煮,锅中加入水,水刚刚没过食材即可。炖至入味,出锅。装盘后摆上薄荷叶即可。

影响中国菜的那些人　陈汉宗

柒。蚝门盛宴的十五道菜

蚝饭

对嗜蚝者来说，米饭与蚝一相逢，便胜却人间无数。

来自中国的蚝爷与日本"煮饭仙人"村屿孟，如同武林不同门派的掌门，多年来虽未曾谋面，但却惺惺相惜，于是两人相约切磋过招。

蚝爷与村屿孟一相遇，便碰撞出了火花：八十高龄的村屿孟，仙风道骨，一生钻研煮饭；蚝爷已过而立之年，颇具匠人气质，多年来痴迷烹蚝。

搭土灶、选古法炊具、严选大米、洗米淘米、浸泡控水、上锅掌火……村屿孟做米饭，每一步都讲究章法。说起来，煮饭谁都会，但把简单的事做到极致，就成了专家。米饭仙人之所以享有盛名，就在于把煮饭这件事做到了极致。看"煮饭仙人"做大米料理，无论是做成米饭还是饭团，做的过程本身就是艺术，欣赏这一过程就让人感到满足。

当米饭遇见蚝，便是一场强强联手的大秀。蚝爷用自制的金蚝腊肠结合"煮饭仙人"的煮饭技巧，煮出一锅完美的蚝饭。用笼屉或者大碗蒸出的米饭，一掀盖，饭香便扑面而来。最上层的米饭是粒粒向上的，如同春天新生的小草。饭粒晶莹剔透，颗粒分明，还泛着晶莹的油光。几颗金红色的金蚝腊肠躺卧其上，红彤彤的，油亮亮的。远观蚝饭是红白相间，分外诱人。

盛上一碗，一口米饭，一口腊肠。米饭软硬适中，饭香四溢，腊肠油香润口，嚼起来口齿生津，真可谓是"黯然销魂饭"了。

### 主
| | | |
|---|---|---|
| 金蚝腊肠 | ………… | 100 克 |
| 东北大米 | ………… | 150 克 |
| 香米 | …………… | 150 克 |

### 辅
| | | |
|---|---|---|
| 食用油 | ………… | 适量 |

1. **淘米**。把准备好的两种米混合在一起，放入大碗内。倒入清水后沿顺时针方向搅动清洗，将水倒出。用同样的方法将米清洗4次。注意不要用力搓洗，以免营养流失。留最后一次淘米的水在大碗内，将混合的两种米浸泡30分钟。泡好后将水沥干，将米放置30分钟，待用。这个过程要用白毛巾盖好大米，防止米粒中的水分流失。

2. **煮饭**。锅内加水烧至滚开的状态，将金蚝腊肠下入，余水1分钟，盛出后一切两半备用。注意余水时间过长，金蚝腊肠的口感会变硬，且油脂过分流失后将影响成菜的口感。将静置足够时间的米放入电饭煲中，按照1:1的比例加入清水，再将余烫好的金蚝腊肠块平放在米上，按下电饭煲的"煮饭"按钮，开始煲饭。饭煲好后，打开电饭煲的盖，稍做翻拌，再合上盖闷5~10分钟即可。将米饭盛入小碗中，再在其中心位置放上一同蒸好的金蚝腊肠块，可以用蒸屉装着小碗上桌，这样更体现了生活美学。注意，现在不少电饭煲都有"精煮"的按钮，这个功能实际上整合了浸泡大米的环节。如果家里的电饭煲有这个按钮，可以把米淘洗干净后直接放入电饭煲内按"精煮"按钮即可。

禾秆烟熏铂金蚝王

烟熏铂金蚝王被食蚝者誉为"金蚝中的劳力士"。

生蚝晒制成蚝干有多种规格，其中生晒足够干的金蚝是规格最高的。制作金蚝需要日照充足，且对蚝肉本身的品质要求极高，单只带壳要超过五百克。能称得上"铂金蚝王"，必须是万里挑一的金蚝，通常晒制前的生蚝带壳会重达七百五十克左右，蚝肉身圆肥美。自然生晒十余天，生蚝肉会从乳白色渐渐地变为赤金色，继而变成紫红色，直至变成红木一般的红褐色，即成金蚝王。此时，再将金蚝王置于禾秆草谷物中进行烟熏。烟熏法是中国民间智慧的结晶，在没有更多保鲜手段的情况下，可以有效延长食物的储存周期，并且令食材别具风味。在这里采用烟熏手段，显然是为了第二个目的。

将金蚝王用火枪炙烤会产生美拉德反应（亦称非酶棕色化反应，是广泛存在于食品工业的一种非酶褐变），赋予金蚝鲜、甜、甘、香等复杂的口感。细细品味，可以品出海洋的味道、金属的味道、干果的味道、咖啡的味道。若是再配上一杯威士忌，甚至可以品出奶油的味道、干花的味道，这些味道复杂而销魂。

做这道菜，除了用到的食材是宝贝，就连用到的烹饪工具都很讲究。比如切蚝肉时需要用到特制的厨师刀，蚝爷用它把金蚝细细地切片，再以火枪微炙。这一步是西餐中常用的手段，与中餐的"锅气"有着异曲同工之妙——在中式烹饪中，也会主动"引火入锅"给食物带来轻微的焦香味。

最后装碟摆盘。夹起一两片成品，喝下一整杯的威士忌，瞬间爽哉！除了威士忌，干邑（干邑，即法语Cognac，原本是法国西南部夏朗德省的一个市镇的名字，后来由于此地出产的葡萄蒸馏酒甚是有名，久而久之人们就直接以"干邑"来作酒名使用了）和高度白酒都能与铂金蚝王珠联璧合。金蚝肉泛着一层薄薄的油脂，肉质细密，甘香馥郁而有弹性。细细品味，不仅回香持久，还有一种独特的海洋气息。

小提琴家吕思清、演员黄磊、国际建筑师协会前主席Albert Dubler（阿尔贝特·杜伯乐）、日本煮饭仙人村峋孟、西班牙米其林大厨Rodrigo（罗德里戈）等中外名流，在吃过这道烟熏铂金蚝王后都对它的美味赞不绝口。

### 主
金蚝王 ················ 50 克

### 辅
哈密瓜（选用）······ 100 克
威士忌（选用）········ 少许

1. **蒸蚝**。用保鲜膜包裹起整只铂金蚝王,放入碗中,带碗一起放入蒸屉中蒸制 5 分钟。包裹保鲜膜可以防止脂肪化开,同时也能避免铂金蚝王吸入过多的水。蒸熟后,铂金蚝王会从干硬的状态变成温润有活力的状态。

2. **烟熏**。禾秆草(约 1000 克)引燃后,需要保持在微燃的状态。将铂金蚝王放在铁丝网上,置于点燃的禾秆草上熏制 30 分钟即可。注意,烟熏时间过长会降低蚝肉的鲜嫩程度。

3. **火炙**。用喷枪进行火炙。这时需要来回翻转蚝肉,以保证肉质焦而不煳,烤至铂金蚝王带有焦香的气味为宜。上桌时,切成薄片。可与哈密瓜搭配食用,哈蜜瓜的甜味有明显的提鲜作用,搭配高度威士忌口感更佳。

芥末炒生蚝

柒。蚝门盛宴的十五道菜

芥末炒生蚝这道菜并没有太多的辅料介入，蚝爷就是突出了芥末的锋锐与蚝肉的鲜甜。芥末的辣与蚝肉的鲜相互映衬又层次分明。

蚝爷认为，对蚝的吃法，跨界探索是必不可少的。蚝能够胜任"百变星君"的角色，和诸多食材都很搭。

## 主
生蚝肉 …………… 500 克

## 辅
青椒 …………… 50 克
圆葱 …………… 20 克
红菜椒 …………… 30 克

## 调
植物油 …………… 适量
牛油 …………… 30 克
大葱 …………… 20 克
生姜 …………… 10 克
麻油 …………… 10 克
蚝油 …………… 10 克
酱油 …………… 15 克
青芥末 …………… 20 克
辣椒油 …………… 5 克
淡盐水 …………… 适量

123

柒。蚝门盛宴的十五道菜

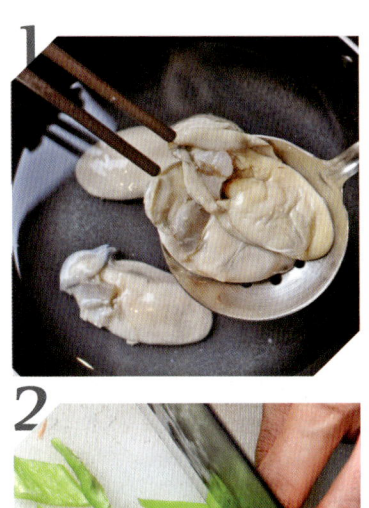

1. 将蚝肉洗净，用80℃的淡盐水焯水定型，捞出，沥干水备用。
2. 青椒斜刀切成小片。圆葱切小片。红菜椒斜刀切成小片。大葱斜刀切成小段。生姜斜刀切成小片。将10克青芥末以及麻油、蚝油、酱油放入小碗中调匀，制成料汁备用。

3. 在热锅中加入适量凉的植物油,加入牛油,待油温至八九成热时,放入葱段、姜片爆出香味。随后加入红菜椒片、圆葱片、青椒片翻炒几下。

4. 锅内放入蚝肉,倒入调好的料汁一起快速翻炒。待蚝肉成熟、变色,即可盛出食用。装盘时,如果觉得芥末味道不够,可以用辣椒油做底,挤入剩下的青芥末,夹起蚝肉蘸食。

影响中国菜的那些人 陈汉宗

金蚝菜茶

柒。蚝门盛宴的十五道菜

在海陆丰地区，元宵节前后家家户户都会煮"十五样菜擂茶"，寓意开年添丁发财。尤其是刚生了孩子的人家，更是要遍请乡里，到家里来吃"添丁茶"。小孩子和妇女特别钟情这个味道。

添丁菜茶，以应季的荷兰豆、菠菜、包心菜等十余种绿色蔬菜为主料，每种蔬菜都有特殊的寓意：其中必有蒜苗，据说吃了会精于"计算"；其中也会有芹菜，据说吃了会"勤快"。将各种青菜分别炒制，沥干汁水，保持菜色翠绿、口感爽脆。旧时以茶为汤，故名"菜茶"。如今多以猪骨、老母鸡来煲汤，吃时加入上好的粉丝、炒米、花生、虾仁、鱿脯丝、咸肉丁等香脆的辅料。

过年吃过了大鱼大肉之后，吃几碗这种用传统做法泡制的添丁菜茶，既能清肠胃，又有开年添丁发财的好意头。以前，开年走亲吃菜茶是相互祝愿添丁发财；现在，开年上班喝碗菜茶，就成了开运招财。

蚝爷偏爱菜茶，在他举办的各种蚝宴之上，必能看到菜茶。最初，蚝爷还是以传统海陆丰的菜茶奉客。近年来，蚝爷开始了新的尝试——在传统菜茶里加入了蚝元素。蚝爷做的菜茶，冲茶并不用骨汤，而是将清香的铁观音茶叶擂碎，再以滚开的矿泉水冲泡成茶汤，搅匀调味，冲出茶香。蚝爷将蚝肉炒至金黄色之后，再以传统菜茶的制作方法继续烹制——先放焯过水的蔬菜，再放鱿脯丝、小虾干段、蚝肉丝，至盛器内七分满后注入茶汤，最后加上炒米、花生米盖面上桌。

被蚝爷改良的菜茶，既保持了擂茶之形，又增添了铁观音之香，还兼顾了蚝肉本身之弹滑。蚝爷把这碗菜茶带上CCTV1热播的美食节目《中国味道》，一举获得了"金筷子奖"，这一碗开运好茶真是名不虚传。

## 主

| | | |
|---|---|---|
| 鲜蚝肉 | …………… | 50 克 |
| 包菜（切丝） | ………… | 100 克 |
| 菠菜（切丝） | ………… | 100 克 |
| 荷兰豆（切丝） | ………… | 50 克 |
| 芹菜（切粒） | ………… | 30 克 |
| 冬菇（切粒） | ………… | 20 克 |
| 青蒜（切粒） | ………… | 30 克 |
| 鱿脯丝 | …………… | 30 克 |
| 小虾干（切段） | ………… | 10 克 |
| 炒米 | …………… | 适量 |
| 花生米 | …………… | 100 克 |
| 铁观音 | …………… | 8 克 |

## 调

| | | |
|---|---|---|
| 植物油 | …………… | 适量 |

1. 将鲜蚝肉快速汆水，捞出后过冷水。捞出沥干水后，用刀划开两边，去掉黑色的边，将蚝肉切成丝。

2. 热锅冷油，放入洗净后切好的包菜丝、菠菜丝、荷兰豆丝、芹菜粒、青蒜粒爆香，再将蚝肉丝下锅，炒至稍呈金黄色。

3. 倒入少许油，再将鱿脯丝、小虾干段爆香。

4. 加入冬菇粒略炒。将各式素菜炒至八成熟后倒出，盛入碗中。

5. 将铁观音茶叶擂碎，用滚开的矿泉水冲泡成茶汤，搅拌至茶汤汤色均匀，滤出茶叶后，将茶汤备用。

6. 炒好的素菜、鱿脯丝、小虾干段等全部装入碗中，大约装至七分满即可。再盖上一层炒米、一层花生米，将备好的热茶汤注入碗中就可以食用了。

影响中国菜的那些人　陈汉宗

金银蒜石钵蚝

柒。蚝门盛宴的十五道菜

金银蒜石钵蚝，因为是用石锅来烧制的，所以做好后会发出响声，还未上桌就已先声夺人。这道菜蒜香浓郁，蚝肉的表皮香脆，内里也十分肥润鲜美，而石锅超强的保温性能更是让香气绵绵不断，令人食指大动。

蒜与海鲜的搭配可谓天作之合，无论是蒜蓉蒸，还是蒜油煎，味道都是浓郁又鲜明的，将鲜美的蚝肉变得更加亲和，也更别具风味。

## 主
鲜蚝肉 …………… 500 克

## 调
小香葱 …………… 30 克
大蒜 …………… 50 克
红辣椒 …………… 8 克
调和油 …………… 20 克
鸡粉 …………… 10 克
糖 …………… 适量
盐 …………… 适量
鸡粉 …………… 10 克
蚝油 …………… 适量

1. 将蚝肉余水,捞出,沥干水。加入一部分鸡粉,略微腌制片刻。
2. 将大蒜剁成蒜蓉。将小香葱去除葱白,将绿色部分切成葱碎。红辣椒切碎。

3. 制作金银蒜。蒜蓉分成两半。将锅烧至约80℃，放入调和油，热锅冷油滑锅后，将一半蒜蓉放入锅内，慢慢地炒至表面呈金黄色，制成金蒜，出锅备用。另一半蒜蓉淋六成热的油至熟，制成银蒜。将炒好的金蒜倒入银蒜中，再加入盐、剩下的鸡粉、蚝油、糖充分搅拌均匀，即成金银蒜。

4. 将石锅烧热，加入调和油。将蚝肉先煎至一面呈金黄色，再翻面煎至另一面也呈金黄色。此时放上金银蒜焗热，撒上香葱碎、红辣椒碎，关火后加盖闷一会儿即可食用。

# 秘浸金蚝皇

生食是公认的品鉴蚝的极佳的方式之一。生食能够尝到蚝肉的嫩滑和海水的味道，让舌尖获得曼妙的享受。生食比起熟食，胜在原汁原味，让食客能够感受到食材本来的味道。

中国人对复合味道的探索和研究是有着无比丰富的经验的——无论是通过风干、日晒改变食材的性状来获得独特的味觉体验，还是通过发酵、腌渍等方法取得更多的风味变化，都是为了获得更丰富的味道。比如，蚝爷研制的秘浸金蚝皇，经过风干的金蚝虽然流失了部分水分，但却获得了更加丰富的口感和更多元的风味。

**主**

风干金蚝皇 ………… 60克

**辅**

猪里脊肉 ………… 适量

**调**

秘制卤汁 ………… 300克
冰糖（大块）………… 适量
姜（切块）………… 适量
香葱结 ………… 适量

**饰**

新鲜苏子叶 ………… 适量

柒。蚝门盛宴的十五道菜

1. 风干金蚝皇清洗后去掉黑色的边。
2. 蒸锅上屉,低温蒸制风干金蚝皇约 5 分钟。蒸好后取出备用。

3. 猪里脊肉切成 2 厘米见方的小块，倒入砂锅，加入适量的水，加入秘制卤汁、姜块、冰糖、香葱结，文火炖制 2 小时。

4. 将蒸好的风干金蚝皇放入炖好的肉汤中，浸泡 12 小时以上。盘中垫上新鲜的苏子叶，将浸泡成金黄色的蚝肉捞出后摆入即可。

# 酥脆蚝烙

如果要将众多的潮汕特色小吃评出个好吃榜的话，相信蚝烙这道菜无论如何都会进入前三甲的。

生蚝肉在福建被称为蚝仔，将地瓜粉加上鸡蛋打成糊，再放入蚝仔烙成的饼就叫蚝烙。而在中国台湾地区，蚝烙被称为"蚵仔煎"。不管是去台湾地区旅行，还是到潮汕地区观光，游客们总要尝一尝这道大众美食。

潮洲地区声名远扬的西天巷蚝烙天天门庭若市。实际上，在潮汕的乡村、街头常有小吃店和路边摊卖蚝烙，这些蚝烙也是非常受大众喜爱的。

柒。蚝门盛宴的十五道菜

### 主

| | | |
|---|---|---|
| 生蚝肉 | …………… | 150 克 |

### 辅

| | | |
|---|---|---|
| 地瓜粉 | …………… | 150 克 |
| 鸡蛋 | …………… | 2 个 |

### 调

| | | |
|---|---|---|
| 鱼露 | …………… | 20 克 |
| 鸡粉 | …………… | 30 克 |
| 小香葱绿 | …………… | 30 克 |
| 植物油 | …………… | 适量 |

柒。蚝门盛宴的十五道菜

1. 向清洗干净的生蚝肉中加入适量清水。再向生蚝肉中加入鱼露和鸡粉调味。将鸡蛋打散，制成蛋液备用。

2. 向蚝肉中加入地瓜粉，搅拌均匀（注意控制稀稠度，以沾手指不易滴下为佳），即成蚝肉糊。小香葱绿切成葱花，放入蚝肉糊中拌匀。

3. 热锅倒入冷油后滑锅。将调好味的生蚝肉葱花糊倒入锅中,尽量摊平,略煎至定型。此时将蛋液缓缓倒入锅中,包裹住已经成形的生蚝肉糊。

4. 继续煎至蛋饼成形,快速翻面,再略煎至蛋饼呈金黄色即可装盘。

# 酸辣汁蚝

酸辣令人舒爽，如果夏日里能吃上一道酸辣汁蚝，更是别具风味。用酸辣汁调味的烹饪方式在温度较高的地区十分常见，无论是东南亚料理，还是热情如火的太平洋岛屿风味料理，这种做法一直都是海产品的最佳料理方式。

柒。 蚝门盛宴的十五道菜

### 主

| 鲜蚝肉 | 250 克 |
| --- | --- |
| 猪肉 | 250 克 |

### 辅

| 黄菜椒 | 50 克 |
| --- | --- |
| 胡萝卜 | 50 克 |
| 芹菜 | 50 克 |
| 莴笋 | 50 克 |
| 高汤 | 100 克 |

### 饰

| 薄荷叶 | 10 克 |
| --- | --- |
| 红辣椒 | 10 克 |

### 调

| 米醋 | 30 克 |
| --- | --- |

柒。
蚝门盛宴的十五道菜

1. 蚝肉略余水。黄菜椒切片。芹菜切段。猪肉切成2厘米见方的小块。胡萝卜切块。

2. 将处理好的黄菜椒片、肉块、芹菜段、胡萝卜块放入砂锅中,加入米醋和适量高汤煮至汤汁呈金黄色。

3. 将莴笋切成丝，焯水，捞出后沥干水待用。红辣椒斜着切成圈。
4. 将莴笋丝加入步骤 2 煮好的汤中，煮成酸汤后加入蚝肉煮熟。出锅后，先将莴笋丝和金汤盛入碗中，再夹入蚝肉，撒上红辣椒圈，最后摆上薄荷叶做装饰即可。

# 五洲杯汁蚝

  蚝爷将极简主义在五洲杯汁蚝这道料理中发挥到了极致。要知道，生蚝是"大自然的恩赐"，而最传统、最地道的吃法，还是现开现吃。

  蚝爷在蚝门九式中独创的五洲杯汁蚝，用富有冲击力的西班牙汁搭配生蚝的原汁原味，两者相互映衬：西班牙汁让生蚝的口味更加立体、更加鲜活，而生蚝也让西班牙汁更多了悠长的余韵。

  在西餐中，西班牙汁生蚝，往往以西餐头盘的形式亮相。装着橙色酱汁的小玻璃杯被置于冰块堆砌出的烟雾缭绕之中，酸甜冰凉的西班牙番茄酱汁里藏着一只小生蚝。吃的时候，要将蚝肉合着酱汁仰头一口吞下。瞬间，人就仿佛穿越到了浪漫的欧洲西南部的伊比利亚半岛。

**主**

带壳生蚝 …………… 适量

**辅**

红菜椒 ………………… 适量
胡萝卜 ………………… 1根
柠檬 …………………… 半个
芹菜 …………………… 适量
罗勒 …………………… 少许

柒。蚝门盛宴的十五道菜

1. 用蚝刀和钢丝手套等专业工具撬开蚝壳，取蚝肉备用。注意不要弄破蚝肉，并及时清理掉落在蚝肉上的碎蚝壳。

2. 制作西班牙汁。将红菜椒、胡萝卜、柠檬、芹菜、罗勒切小块，放入料理机中打成酱汁，即成西班牙汁。将做好的西班牙汁冷藏待用。

3. 将西班牙汁倒入玻璃杯中，放入蚝肉。
4. 轻摇杯子，让西班牙汁没过蚝肉即可。

柒。蚝门盛宴的十五道菜

影响中国菜的那些人 陈汉宗

咸菜猪手蚝

柒。蚝门盛宴的十五道菜

猪手富含胶原蛋白,是不少女性颇为喜爱的食材,咸菜猪手也是潮汕地区很受民众喜欢的家常菜式。这道菜做起来并不复杂,同时营养丰富,风味十足。

潮汕地区的咸菜是称职的百搭天后,无论是单独用来吃粥,还是作为辅料入菜,它都能恰如其分地为其他食材增加风味。咸菜与猪皮、猪手的组合,更是可以吸收过多的动物油脂,能令人胃口大开。

### 主

| | | |
|---|---|---|
| 猪手 | ………………… | 150 克 |
| 猪皮 | ………………… | 50 克 |
| 鲜蚝肉 | ………………… | 6 只 |

### 辅

| | | |
|---|---|---|
| 香葱结 | ………………… | 少许 |
| 咸菜（叶梗比例 7:3） | | 100 克 |

### 调

| | | |
|---|---|---|
| 姜蓉 | ………………… | 15 克 |
| 胡椒碎 | ………………… | 5 克 |
| 高汤 | ………………… | 适量 |
| 鸡粉 | ………………… | 10 克 |
| 糖 | ………………… | 5 克 |
| 米醋 | ………………… | 5 克 |
| 咸菜汁 | ………………… | 20 克 |

1. 将猪手用火烤一下去毛,洗净,剁大块。下锅余水后,捞出沥干水待用。
2. 把猪皮炒匀、炒出油,加入姜蓉、咸菜炒出香气。

3. 加入猪手块爆香。加入高汤，以大火煮开。

4. 加入鸡粉、糖、米醋、咸菜汁调味，加入蚝肉，倒入高压锅压制5分钟即可出锅。将香葱结放入盛器中即可。

# 烟肉蒸金蚝

生晒金蚝干是潮汕地区的传统食材之一，正宗的金蚝干是手工翻晒制成的，整个加工过程中不添加任何添加剂，用它做出的菜味道鲜香十足。汕尾红海湾的生晒金蚝干品质上佳，是深受当地民众喜爱的食材。

漫长的岁月中，猪肉给世界各地的厨师带来了无尽的灵感。人类食用腌制猪肉的最早记录虽然已经不可考，但可以肯定的是，用盐腌制猪肉不仅是早期人们用来保存猪肉的方法，还是一种能激发猪肉香味的食用方法。

在世界各地，盛产猪肉的地方一般都有培根，各地的培根并没有什么固定的做法，采用烟熏、香料腌渍或是经过陈年熟成的都有。

培根实际上可以算腊肉的一种，一般是将猪肉涂抹香料和盐，再经自然风干后制成的。这样做的好处是油脂分布均匀，滑而不腻，咸度适中，风味十足。培根与鲜香十足、吸收阳光精华的金蚝干搭配，匹配度爆表。

## 主

10头生晒金蚝干 …… 30克
烟熏肉 ………………… 150克

## 调

秘制调味汁 …………… 适量
冰糖 …………………… 200克
水淀粉 ………………… 少许

## 饰

绿豆芽 ………………… 少许

影响中国菜的那些人 陈汉宗

柒。蚝门盛宴的十五道菜

1. 将烟熏肉略蒸 5 分钟,切成约 4 厘米长的片,平放在盘上。
2. 将生晒金蚝干叠放在烟熏肉片上。淋上秘制调味汁。

3. 加入少许水,放入冰糖。封上保鲜膜,上锅蒸制4小时,蒸熟、蒸透。
4. 出锅后取下保鲜膜。勾薄芡,将芡汁淋在蚝肉和烟熏肉片上。放上焯过水的绿豆芽点缀即可。

影响中国菜的那些人 **陈汉宗**

子姜炒生蚝

柒。蚝门盛宴的十五道菜

子姜质地脆嫩,辛辣味小,相对平和,生食子姜更有一股淡淡的甜味。子姜多被用来制作一些腌制菜品,或者作为调料出现。成菜中加入子姜,能增添独特的风味。

鲜蚝肉质细嫩、爽滑,味道的可塑性极强,与不同的调料搭配,可以呈现出百变的口味。与常见的姜葱炒蚝相比,子姜炒生蚝少了一些辛辣,多了一些鲜香,脆嫩的子姜使口感产生了微妙的变化。

### 主

鲜蚝肉 ················ 250 克

### 调

炒蚝酱 ················ 30 克
子姜 ················ 20 克
小香葱 ················ 20 克
红辣椒 ················ 10 克
大蒜 ················ 10 克
植物油 ················ 适量
盐水 ················ 适量

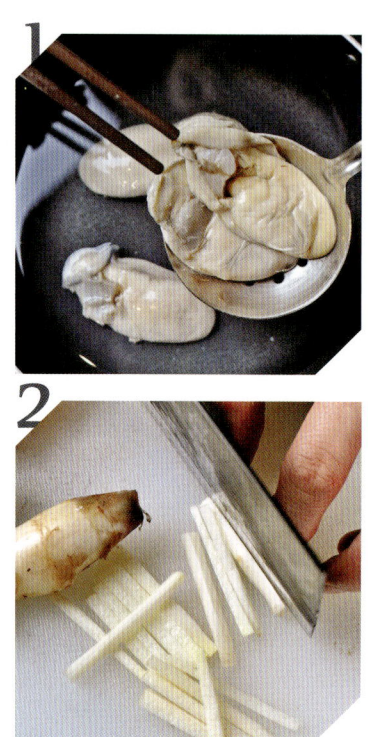

1. 蚝肉用 80℃的盐水汆水定型，捞出，沥干水备用。
2. 将子姜洗净，切成丝。大蒜剁成蒜蓉。小香葱洗净切成段。红辣椒切成丝。